「お金が貯まる人」の習慣、ぜんぶ集めました。

ホームライフ取材班［編］

JN107916

青春新書
PLAYBOOKS

習慣を変えるだけで、お金がどんどん貯まる！

お金を貯めたい！と強く思っているのに、口座の残高が全然増えないのはどうしたことか……。

こうした人は残念ながら、「お金が貯まらない人」の習慣が身についているに違いない。お金を貯めたいのなら、ぜひとも、日ごろの暮らし方、お金の使い方、仕事に対する向き合い方などを振り返り、「お金が貯まる人」の習慣に改める必要がある。

例えば、ランチメニューは即決する、ビニール傘は買わない、お金は使って増やす、「欲しい」では買わず「欲しくて必要」なら買う、スーパーの買い物でカートを使わない、行列には並ばない、マザコンの心理に学ぶ――といったことを習慣にすれば、お金は無理なく貯まっていく。

お金が全然貯まらない人から、どんどん貯まる人へ。ここで紹介する習慣をマネするだけで、1年後には口座の残高が大きく変わっている。本書が読者の人生設計を一変させるきっかけになれば幸いだ。

「お金が貯まる人」の習慣、ぜんぶ集めました。

Part 1

お金が貯まる人の使い方の習慣、集めました。

Part 2 自然と貯まる人になる暮らしの習慣、集めました。

Part 3 お金持ちに学ぶ 稼げる人に変わる習慣、集めました。

Part 4 着実に貯まっていく仕組みづくりの習慣、集めました。

Part 5 貯まる人はやっている節約の習慣、集めました。

Part 6 収入を左右する仕事の習慣、集めました。

Part 7 反面教師に…貯まらない人の習慣、集めました。

本文デザイン…青木佐和子／編集協力…編集工房リテラ（田中浩之）

Part 1

お金が貯まる人の使い方の習慣、集めました。

衝動買いをしないコツとは？
お金は使ったほうが増える？
「あったら便利」は「なくても平気」？
お金を増やすために
上手な使い方を覚えておこう。

お金を出し渋るのが「ケチ」。不必要なことにお金を使わないのが「倹約」

お金はどのように使うのが正しいのか、どうすればどんどん貯まっていくのか。まずは世界の大富豪の逸話を紹介しよう。

マイクロソフト社の共同創業者、ビル・ゲイツはある支払いの際、いろいろなポケットを探ってクーポン券を探し回り、ほかの客を待たせたことが知られている。また、出張先でホテルに泊まる際、スイートルームを用意されると怒り出し、「ベッドとインターネットさえあればいい」と言ったという。

類は友を呼ぶのか、ゲイツの友人で著名な投資家、ウォーレン・バフェットにも同じようなエピソードがある。あるとき、2人はゲイツが大好きなマクドナルドでランチを取った。「おごるよ」と言ったバフェットがポケットをさぐり、取り出したのはクーポン券。それを見て、ゲイツは楽しそうに笑ったという。

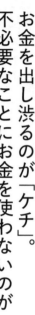

大富豪たちとクーポン券、あるいはホテルの質素な部屋。あまりにも似つかわしくないが、これは「ケチ」というよりも、「倹約」といったほうがいいだろう。

どちらも似たようなものだと思うかもしれない。お金を出さないのは同じだが、根本的な部分でまったく違う。倹約というのは、無駄な出費を嫌うことをいう。その一方で、必要なものにお金を出すのは惜しまない。クーポン券が好きだが、慈善事業に大金を投じるゲイツは、典型的な倹約家といっていいだろう。

これに対して、ケチというのは、必要なものにもお金を出したがらない人を指す。使う目的にかかわらず、とにかく財布からお金が消えていくのが嫌なのだ。

倹約家はお金を使って活かせるが、ケチにはそれができない。例えば、将来に向けての投資だ。仕事に活かせる資格取得のためのセミナーがあったとする。倹約家は普段はお金を使わないが、こういった有益なことには惜しまないで使う。一方、ケチな人は将来役立つかもしれないことに対してもお金を出し渋る。

どちらがお金をより稼げ、多く貯められるのかは明らか。ケチではなく、倹約家でありたいものだ。

「消費脳」ではなく「投資脳」で考えると、お金は使ったほうが増える⁉

お金に関連して脳のタイプを考えると、大きく3つに分けられる。最もお金持ちになれないのが「浪費脳」の人だ。給料が入ったら使うことを第一に考えるタイプなので、お金はまったく貯まらない。

次に良くないのは、「消費脳」に指令されて動く人。「お金は使ったら減る」と考えるタイプで、給料が入っても本当に必要でないことにはなかなか出費せず、なるべく節約をしようとする。

どうして、この「消費脳」が良くないのか？と疑問に思う人もいるのではないだろうか。無駄なお金を使わず、節約しようとするのはいいことではないか。これがお金を貯める一番のコツだろうと。

そのように思うのも無理はない。しかし、「消費脳」の人はコツコツお金を貯めることは可能だが、大きな貯蓄がなかなかできないのだ。

例えば、近所の公民館で、資産運用に関するセミナーが開催されることになった。興味はあるものの、参加料金が2500円かかる。それならやめておこうか、と考えるのが「消費脳」を持っている人だ。

これに対して、参加料の出費を何とも思わず、積極的にセミナーに参加する人たちもいる。これが最もお金を貯めることのできる「投資脳」の持ち主だ。現在だけではなく、未来における損得も視野に入れ、「お金は使ったら減る」のではなく、「お金は使ったら増える」方向で考えて行動するのだ。

資産運用セミナーの場合、確かに、今の時点では2500円が出ていってしまう。しかし、そのセミナーで得た知識をもとに、将来、もっと大きなお金を稼げるかもしれない。そうなった場合、お金を使って増やしたことになる。

節約するのは、お金を貯めるには欠かせない習慣だ。とはいえ、節約だけに目が向く「消費脳」では、思ったように貯蓄額は伸びない。将来、大きく実る可能性があることに対しては、惜しまず投資をするようにしよう。

欲しい！と思っても、その日には買わない。これが衝動買いをしないコツ

想像してほしい。あなたはいまダイエットの真っ最中。でも、目の前にカロリー高めの大好物が差し出された。例えば、生クリームたっぷりのスイーツ、大盛りチャーシュー麺、チーズがとろけるピザ。これらの誘惑に負けない自信があるだろうか。

我慢できる気がしない……こうした人はお金が貯まらない。「欲しい」という気持ちを抑え切れず、衝動買いをしてしまうタイプの人だ。

衝動買いにはアメリカのテンプル大学の心理学者、ジョージ・エインズリー教授が唱えた「双曲割引」という行動経済学の理論が関係している。この理論の柱は、遠い将来は待てるが、近い将来は待てないということだ。

例えば、①今日1万円をもらえる。②10日後に1万1000円をもらえる。このふたつなら、多くの人が①を選びそうだ。では、①1年後に1万円をもらえる。②1年

と10日後に1万1000円をもらえる。これなら、②を選ぶ人も出てくるだろう。

人間は遠い将来よりも近い将来、さらにいますぐできることの価値を大きく感じる傾向がある。この心理から、半年後のダイエットの成功よりも、目の前のスイーツや大盛りチャーシュー麺を優先してしまう。

海外旅行のための資金を貯めている人が、新機能満載の最新スマホをつい購入する、というようなことも同じだ。要するに、「いま欲しい」と思う気持ちを優先して、つい衝動買いをしてしまうのだ。

こうした傾向の強い人は、なかなか衝動買いがやめられない。自分のことを振り返ってみて、当てはまると思うのなら、お金の使い方を変えてみよう。

例えば、「欲しい」と思うものを見つけても、「その日には買わない」というルールを定める。無駄づかいをしがちなネットショッピングはやめて、買い物は実店舗だけですると決めるのもいいだろう。

衝動買いを控え、着実にお金を貯めたいのなら、給料をもらったら決まった金額をすぐに別口座に移し、残りを生活費にあててやり繰りすることをおすすめする。

「欲しい」だけでは買ってはダメ！「欲しくて必要」だったら買おう

そのときは欲しいと思い、ワクワクして購入。しかし、しばらくたつと、その商品が何だか色あせて見える。またやってしまった……と、いらないものを衝動買いしてはそのたびに後悔する。

こうした失敗を何度も繰り返していては、絶対にお金は貯まらない。無駄なものを買わないようにするには、「欲しい」だけではなく、「必要」かどうかも併せて考えることが大切だ。

ひと目見て「欲しい」と思い、購入意欲が一気に高まっても、そこでいったん気持ちをストップ。それが自分にとって「必要」なのか問いかけてみよう。「欲しいけど、それほど必要ではない」なら買わない。「欲しくて、しかも必要」と強く思う場合は買うのだ。買わない分だけお金は残ると、常に意識するようにしたい。

「あったら便利」なものは、「なくても平気」だから買わない

家電販売店や生活雑貨店、100円ショップなどに行くと、新機能の製品や面白そうなグッズが並んでいる。ある商品を見て、これを買いたいと思ったら、なぜ欲しいのか理由を考えてみよう。

「あったら便利」そうだから、と思うのなら買わないほうが無難だ。そうしたものの多くは、「なくても平気」なものなのだ。まったく違う言葉だが、じつは裏返しで同じことを指している。

魅力を感じた商品なのだから、生活の中で少しは役に立ったり、ちょっとしたアクセントになったりするかもしれない。しかし、マイホームの頭金といった明確な目標に向けてお金を貯めたいのなら、買わなくても特に問題ないものにはお金を使わないほうがいい。

服やアクセサリーより、スキンケアとヘアケアに投資する

流行の服やアクセサリーを身につけるのはいいが、これらにお金をかけ過ぎると、貯蓄などできるわけがない。ファッション情報に踊らされて、シーズンごとにお金が出ていくばかりだ。

そこで、ファッションにかけるお金を抑えて、素材としての自分磨きに投資してはどうだろう。特に重視したいのがスキンケア。化粧品メーカーのマンダムの調査によると、初対面の異性に会ったとき、4割以上の人が顔の肌つやを見ているという。肌がきれいなら、それだけで好感度を上げることができるのだ。髪も大きな重点ポイントで、つやつやを保つようにヘアケアを心がけたいものだ。

スキンケアやヘアケアにお金をかけても、シーズンごとに流行の服を買うよりはずっと安く上がるはず。その差額を貯めるようにすれば、貯蓄は着実に増えていく。

良いものを安く買いたい。それなら、脳がよく働く午前中に買い物を

高い買い物をするのにベストな時間帯は午前と午後、どちらだろうか？　いつでも良さそうに思えるかもしれないが、正解は午前。そのほうが良い品を購入できる可能性が高くなる。

人間は疲れてしまうと、体だけではなく脳の働きも鈍くなって、正常な判断を下しにくくなるという。このため、仕事帰りなどに買い物をすると、あまり良くないものを、あるいは余分なものまで買うかもしれないというわけだ。

そこで、大きな家電やスーツなど、ある程度高価なものを買うときには、脳が元気で疲れていない休日の午前中に店を訪れたほうがいい。早めに出かけると、複数の店を回って品質や価格の検討もできるので、より良い品を安く手に入れられる可能性が高くなる。

「キャッシュレス派」は無駄づかいが多い？いや、「現金派」よりもお金が貯まる！

買い物をする際、代金は現金での支払いと、クレジットカードやデビットカードなどを使うキャッシュレス決済に大別される。

近年増えているのがキャッシュレス決済。経済産業省の発表によると、キャッシュレス決済の比率は２０１０年は13・２％しかなかった。その後、完全に右肩上がりで増えていき、２０１６年には20％に達した。

２０２０年１月には新型コロナ感染症を国内で初確認。以来、非対面で行うキャッシュレス決済はますます注目されるようになり、２０２１年には32・５％まで伸びた。２０２２年はさらに増えたことだろう。

キャッシュレス決済はいちいちお札や小銭を数える必要がなく、手軽に決済できるのがメリット。「ポイ活」という言葉もあるように、ポイントが溜まっていくのも魅力だ。一方、現金を使う人の中には、キャッシュレスではものを買ったという実感がなく、お金を使い過ぎるのではないか、という懸念を持っている人もいるようだ。

では、現金派とキャッシュレス派で、実際にお金が貯まりやすいのはどちらだろうか。イメージとしては、現金派が危惧するように、キャッシュカード派のほうが浪費しているようにも思える。

ところが、カード会社ＪＣＢの調査によると、現金派の平均年間貯蓄増加額が34・2万円なのに対し、キャッシュレス派はその倍以上の83・2万円。平均貯蓄目標額も現金派が178・3万円で、キャッシュレス派は325・4万円と倍近くもあった。

両者の貯蓄額が違うのは、キャッシュレス決済にすると家計簿アプリなどでお金の流れが「見える化」され、家計を把握しやすくなるのも大きな理由かもしれない。

データで示された事実として、キャッシュレス派は無駄づかいが多いというのはかん違いだった。これから、世の中の流れはますますキャッシュレス決済に傾くのは間違いない。現金に固執することなく、クレジットカードやデビットカードも取り入れてみてはどうだろう。

3万円が必要なら3万円だけ。ATMではぴったりの金額を下ろす

お金をATMで引き出すとき、その人の性格が如実に表れるものだ。

例えば、3万円が必要になったので、お金を下ろさなければならなくなった。このとき、ぴったり3万円を引き出す人は、少なくとも浪費癖はなく、お金を貯めようと思えば増やしていけるタイプだ。

一方、必要なのは3万円だけど、まあ切りのいいところで5万円にしておこうか。といった具合に、よくわからない理由をつけて、より多くのお金を引き出したがる人もいる。もちろん、こういった習慣のある人は、無駄なものを買うことが多いので、いつまでたってもお金が貯まらない。

ATMを使う際には、必要な金額だけを下ろす。お金の管理が甘いと自覚しているのなら、この引き出し方を習慣にしよう。

将来お金を稼ぎたい人は、いま「学び直し」にお金をかける

近年、日本政府が推進しようとしているのが「貯蓄から投資へ」という考え方だ。このように、投資の大切さを説かれると、そろそろ株や投資信託をやらないといけないのか、と思う人もいるだろう。

確かに、資産運用は投資の重要な要素だ。しかし、ほかにも「自己投資」という非常に大切な投資があるのを忘れてはいけない。

自己投資のなかでも取り組む人が増えているのが、仕事に活かせるノウハウやスキルを身につけようとする新たな学びだ。これは最近、「リカレント教育（学び直し）」という言い方をされている。

リカレント教育の現状については、人材紹介サービスを行う企業、エン・ジャパンが35歳以上を対象に興味深いアンケート調査を行っているので紹介しよう。

これまでリカレント教育を行ったことはあるかという質問に対して、年収1千万円以上は56％が「ある」と答えた。これは1千万円未満の人よりも11％も多く、高収入を得ている人ほど、自分に対する投資をしていることがよくわかる。

では、自己投資に頑張っている人は、改めて何を学んでいるのか。答えのトップは「専門的な資格の取得」で、「経営・ビジネスに必要な知識や能力」「英語などの語学力」がそれに続いた。いずれの答えにも、仕事で具体的に生かせる武器を身につけよう、という考えが見える。

気になる費用に関しても、このアンケートでは聞いている。トップ3は「1～5万円未満」「20万円以上」「5～10万円未満」。学ぼうとする内容によって、かなり大きな違いがあるようだ。

それなりの金額を投じた結果、54％が「在籍企業で業務の質を高めることに役立った」、30％が「転職に役立った」、29％が「新たな人脈が築けた」と回答。学び直しに自己投資した多数の人が成果を出していることになる。まさに「お金は使ったら減る」のではなく、「お金は使ったら増える」という実例だ。

読書をすればするほど、年収が高くなるのは本当だった！

ごく普通に買い求められるもので、購入額と年収が相関関係にあるのが書籍などの印刷物だ。簡単にいえば、本を多く買う人ほど、年収が右肩上がりでどんどん高くなっていく。

本より得た知識を活かして年収が高くなるのか、年収が高いから余裕ができて本をたくさん買えるのかはわからない。しかし、さまざまなデータが本と年収の相関関係を明らかにしており、年収が1000万円以上の人は、400万円以下の人と比べると年間の書籍購入費は約2倍。たくさん稼ぎ、貯めるための条件のひとつが、よく読書をすることといってもいいだろう。

年収の高い人は、自己投資のために読書をする傾向が強いようだ。これにならって、読書にいそしんで知識を増やし、視野を広げてみてはどうだろう。

「もったいない」と思う気持ちは大切。でも、固執すると大損する羽目に…

モノを大切にする日本人の心が生んだ「もったいない」の精神。ノーベル平和賞受賞者、ワンガリ・マータイさんが環境を守る素晴らしい言葉として広めることを提唱し、「MOTTAINAI」という世界共通語にもなった。

日本人なら、誰しも持っている「もったいない」の考え方。もちろん、モノを最後まで使おうとするのは良いことだが、この言葉が口癖になっているのなら注意しなければならない。「もったいない」にとらわれている人は、部屋にモノを溜め込むのは上手でも、お金はなかなか貯めることができないからだ。

「もったいない」精神が引き起こす弊害は、「サンクコスト（埋没費用）効果」という心理効果で説明できる。サンクコストとはすでに支払って、回収できなくなっているコスト。それを「もったいない」と思って、さらにコストをかけて取り戻そうとする心理に陥ることをいう。

サンクコスト効果の典型的な例に、イギリスとフランスが共同開発していた超音速旅客機、コンコルドがあげられる。

コンコルドは両国の一大プロジェクトで、約4000億円もの投資が行われた。だが、開発の途中で、完成しても採算が取れないことが判明する。その時点で中止するのが正解だったが、すでに巨額の投資をしていたのを惜しんでプロジェクトは続行。その結果、数兆円に及ぶお金が無駄になってしまった。

サンクコスト効果が問題になるのは、企業が展開するプロジェクトに限らない。例えば、健康づくりのためにフィットネスジムの会員となった。しかし、仕事が忙しくて平日は時間が取れず、休日は疲れているので休養にあてたい。ジムに行く機会はなかなかないが、せっかく入会金を収めたし、月会費を払い続ける……。こうした身近にありそうなこともサンクコスト効果といえる。

適度な「もったいない」精神は大事だが、その心理が過剰になると、お金がどんどん出ていくことになりかねない。いまのあなたに、思い当たることはないだろうか。

食事で控えるべきは外食。食費は自分への投資なので削らない

出費を減らし、お金を貯めようとしたとき、生活費を減らそうとするケースは少なくない。とはいえ、光熱費などはなかなか減らせない。そこで、最近値上がりしている食品も多いことから、まずは食費に手をつけたくなる。

食費の見直しには、食材の質を少し落としたり、食事の量をやや減らしたりというやり方も考えられる。しかし、むやみに食費を減らそうとするのは考えものだ。料理の材料を買い控えたくらいでは、それほど大きな節約はできない。むしろ出費が減るメリットよりも、健康を損ねかねないデメリットのほうが大きいといえる。食費は自分への投資でもあるので、大きく削るべきところではない。

食材を多少買い控えても、外食を1回するだけで節約分は飛んでいってしまう。食に関して出費を抑えたいのなら、手をつけるのはまず外食だ。

値段は決め手ではない。長持ちするかどうかを考える

ふたつの商品のうち、どちらを買おうか迷うことはよくある。見た目の好みがほぼ同等の場合、決め手となるのは何だろう。

こうした場合、値段の安いほうを選ぶ人も多そうだ。出費が少ないのにこしたことはないから、悪い選択ではなさそうに思える。しかし、買ったあとも問題なく使えることがある一方、服はほつれやすく、家電なら故障しやすいといった、のちに残念な思いをするケースもあるだろう。

迷ったときは、どちらが長い目で見て損をしないかを考えるといい。この観点からいくと、値段が少々高くても、その分、品質が良いものを選ぶということになる。こうした商品のほうが長持ちするし、飽きるのも遅い。本当に得をするのはどちらなのか、「安物買いの銭失い」にならないように注意しよう。

給料日直後、日用品をまとめ買い。残りのお金でやり繰りする

毎月、着実にお金を貯めている人は、ティッシュペーパーやトイレットペーパーなどの日用品を上手にまとめ買いしていることが多い。

ただし、特売の日を見つけてまとめ買いをするのは、ものの管理が苦手な人には向いていないかもしれない。在庫をきちんと把握しておかないと、まだ十分あるのに無駄に買い足して、家の中にものがあふれかえることになりかねないからだ。

そこで、月に一度だけ、給料日直後のまとめ買いをおすすめする。何度か続けるうちに、ひと月でどれほどの日用品を消費するのかがわかってくるはず。無駄に多く買うことがなくなり、在庫管理も簡単になる。

まとめて買うと、その月はもう日用品を買う必要がない。残りのお金で生活費をやり繰りすれば、家計の管理がしやすくなり、一層無駄なお金を使わなくなる。

ここ10年で、冷蔵庫は40％以上も省エネ！古い家電に固執すると電気代で損する

家電の買い替えにはかなりの出費がかかる。いまある家電をできるだけ長く使って、買い替え時期を遅くしたいという考え方もあるだろう。

しかし、家電は日々進化している。なかでも家電メーカーが注力しているのが省エネだ。資源エネルギー庁の「省エネポータルサイト」によると、いまの冷蔵庫は10年前と比べて約40～47％も省エネが可能になっている。ほかの家電も同様で、テレビは9年前よりも約42％、エアコンは10年前よりも約17％、電球型ＬＥＤランプにいたっては一般電球の約86％も省エネできるのだ。

近年の電気代の値上がりと照らし合わせると、古い家電にしがみつくのは間違いといっていいだろう。そろそろ寿命が近いのなら、思い切って買い替えたほうが、ランニングコストははるかに低くなる。

故障を理由の買い替えは大損するかも！
値段が下がる3月・9月の決算期を狙おう

収入が一般的な範囲内で、これから貯蓄もしたい人たちは、家電の買い替えに少々腰が重くても無理はないだろう。

とはいえ電気代を考えると、古過ぎる機種を使い続けるのは得策ではない。また最新機種の家電には、暮らしを楽しく豊かにしてくれる一面もある。タイミングを見計らって、早めに買い替えを検討してはどうだろう。

世間の人はどういった頻度で家電を買い替えているのか。内閣府の令和3年消費動向調査によると、テレビは10年、洗濯機は10・2年、冷蔵庫は12・9年、エアコンは13・2年が平均使用年数（2人以上の世帯）になっている。いずれも買い替えの理由で最も多く、大半を占めるのが「故障」だ。

しかし、寿命の限界まで使うと、暮らしに不都合が生じる可能性がある。特に冷蔵庫が故障すると、大量の食品が傷んでしまう。購入後10年近くたったら、買い替えを考えるのがいいだろう。

ほかの家電についても、故障をきっかけに買い替えるのはおすすめしない。買い替え時期は故障しだいということになって、余計な出費が必要になる可能性があるからだ。例えば、エアコンは最も過酷に使用される夏場に故障しやすいが、この時期は一番売れる時期なので、高い値段で買わざるを得なくなる。

家電は年中、同じ値段では売られておらず、時期によってはセールで随分安くなる。狙い目のひとつは3月と9月の決算時期で、どの量販店でも売り上げを増やそうとセールが行われる。シーズンになったら折込チラシを毎日チェックし、新聞を購読していない場合は公式サイトで情報を収集しよう。

新製品の販売時期も狙い目で、入れ替えられる旧製品は価格がぐっと安くなる。ただ、最近はメーカーや機種によって時期が異なる傾向にあるので注意が必要だ。新製品の発表はメーカーの公式サイトに掲載されるから、買い替えを検討しはじめたら、ときどきチェックするのを習慣にしよう。

宝くじは買うだけ損。当たる確率は、隕石に直撃されて死ぬより低い

一等当選の大きな夢を見て、毎年、宝くじ販売売り場には行列が続く。庶民の小さな楽しみなので、本来、良いか悪いかを考える必要などないだろう。ただ、本書はいかにお金を貯めるのかがテーマ。宝くじにもこの方向性から迫ってみよう。

結論をいえば、お金を貯めたいと思っている人なら、宝くじを買うのはまったくの無駄だ。こう聞くと、いや、当たれば大金が手に入るのだから夢がある、と反論されるかもしれない。

では、宝くじが当たる確率がどれくらいなのか知っているだろうか。1等の2億円は1000万分の1、1等前後賞の5000万円は500万分の1、2等の1000万円は200万分の1となっている。

あまりにも低い確率なので、逆にわかりにくいかもしれない。東京の人口を例にあ

げて比較してみよう。東京23区の人口は、2023年1月時点で971万7480人。宝くじの1等に当たる確率は、その全員の中から1人が選ばれる確率よりも低い。

また、この比較はどうだろう。アメリカのテュレーン大学のスティーブン・A・ネルソン博士の計算によると、人が一生の間に隕石や小惑星、彗星の衝突で死亡する確率は160万分の1だという。1000万円の2等に当選するのでさえ、隕石が当たって死ぬよりも難しいのだ。

宝くじは還元率も低い。還元率とは、賭け金に対して賭けた人に戻される割合のことをいう。競馬や競輪などの公営ギャンブルの還元率は約75%。つまり、計算上は賭けた金額の4分の3が戻り、残り4分の1が胴元のものとなる。

宝くじの場合、この還元率が45%程度しかない。普通の運の持ち主なら、購入した金額の半分以下しか戻ってこないのだ。

しかも、競馬や競輪はデータを分析するなど、買い方の選択肢がたくさんある。しかし、宝くじはただ「買う」しかない。ほかの選択肢は「買わない」だけだ。やはり後者を選択することを強くおすすめする。

Part 2

自然と貯まる人になる暮らしの習慣、集めました。

日々の暮らしのなかに、
お金を貯めるためのコツがある。
ひとつひとつ実行すれば、
知らないうちに
お金がどんどん増えていく！

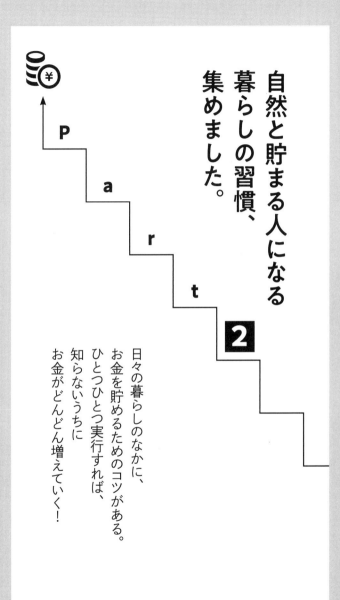

パンパンの〝ブタ財布〟よサラバ！すっきり財布でお金の管理を

その人の財布を見れば、お金が貯まるかどうかがわかる。こう話すファイナンシャルプランナーは少なくない。

お金を貯めている人の財布は、中がいつもすっきりと整理されている。これに対して、お金がなかなか貯まらない人は、膨らんでパンパンになった、いわゆる〝ブタ財布〟を持っていることが多いのだ。

財布に必要でないものも入れておくと、中に何が入っているのかわからなくなる。いま持ち合わせがいくらあるのか、どういったカードが入っているのか、といったことを把握できないようでは、お金の管理が雑といわれても仕方がない。お金を貯められないのも当然ではないだろうか。

お金を貯めたいと思うのなら、パンパンの財布を整理して、中身をすっきりさせるようにしよう。とにかく、お金に対する意識を高めておくことが大切だ。

ブタ財布の原因として大きな要素のひとつは、買い物のときにもらうレシートを突っ込んでいること。レシートが入ったままということは、家に帰ってから取り出して確認していない。つまりお金をいくら使ったのか、まったく把握していないということだ。

お金を使ったら手帳に記録しておくのが、お金の使い方に敏感になるコツ。買い物のたびにレシートをチェックし、手帳に金額などを書くことを習慣にしよう。

ブタ財布にはポイントカードや病院の診察券などが5枚、6枚と入っていることも多い。なかには、すでに期限切れになっているもの、数年前に1回使ったきりのカードなどもあるのではないか。使用頻度の高いものだけを財布に戻し、残りは家の中の決まった場所で管理し、必要なときだけ取り出して出かけるのがいいだろう。

クレジットカードを何枚も持っている人もよくいる。複数のカードで対応しようとすると、お金の管理がとても大変になってしまう。最も利用するカードのみを持ち歩き、そうではないものはやはり家で管理しておこう。

キャッシュカードを財布に入れないと、無駄な出費がぐっと減る!

財布の中に必ずキャッシュカードを入れている人は多い。急にお金が必要になったとき、ATMですぐに引き出せないと不安……というのが理由だろう。

お金をきちんと管理できる人なら、それでも特に問題はない。しかし、お金の管理がルーズで、一向に貯まらない人の場合、思い切って、キャッシュカードは持ち歩かないようにするほうがいい。

キャッシュカードがあれば、いつでもお金を引き出せるという安心感から、必要ではないものを購入しがちになってしまう。この安易なお金の使い方が、全然、貯蓄額が増えない大きな理由のひとつだ。

浪費しがちな人は、キャッシュカードは家で管理し、必要なときだけ財布に入れるようにしよう。あるいはキャッシュレスに移行してもいいだろう。

冷蔵庫がカオスな状態なら危険！モノを雑に扱う人は、お金を管理できない

冷蔵庫の中をのぞいてみれば、その人が普段食べているものだけではなく、お金に対する隠れた意識も見えてくる。

冷蔵庫がすっきりしている人は、物事を管理するのが上手な人。どこに何があるのかを把握しており、食材や調味料を無駄にすることがない。こうした人はお金の管理も上手で、しっかり貯めることのできるタイプだ。

これに対して、ものを詰め込み過ぎて、カオスな状態になっている冷蔵庫は困ったものだ。生きるのに欠かせない「食」を管理できない人は、大事なお金の管理も下手で、なかなか貯められない傾向が強い。

ごちゃごちゃした冷蔵庫は、お金が減っていく直接的な原因ともなる。ものが多くて雑然としていたら、目当てのものがすぐには見つからない。食品をずらして、ずら

して、棚のいちばん後ろ側でようやく発見することもあるだろう。

この間、ドアは開けっ放しなので、庫内の温度は上昇する一方。ドアを閉めたあと、適温まで温度を下げるのに、余計な電気代がかかってしまう。

詰め込んでいるものが多いのは、たくさん買い込んでしまったのが原因だ。おそらく必要でないものも購入しているから、ここでも余計なお金がかかっている。

しかも、保管しているものがすぐに見えないと、買ったことを忘れる場合もあるだろう。そういった場合、同じものをダブって買うこともあるはず。また、目につかないところに保管していると、そのまま使わずに時間がたって、賞味期限を大幅に過ぎてしまうことも少なくない。いずれの場合も、本来は手元に残るはずのお金が出ていくことになる。

冷蔵庫がものでいっぱいになっている家は、食費が必要以上にかかっており、無駄な食材や調味料も買っている可能性が極めて高い。中に何が入っているのかすべてを確認し、必要なものをピックアップして、いらないものは捨てるようにしよう。その後は週に1回ほどチェックし、カオスな状態にならないようにするのが肝心だ。

貯蓄上手は捨て上手。ものを捨てると、お金が貯まる

お金を貯めたいのに、全然貯まらないという人は、家の中を見回してほしい。そこら中にものがあふれて、雑然としていないだろうか。

一方、お金を多く貯めている人の家は、スッキリ片付いていることが多い。必要でないものは買わず、いらないものを捨てるのが上手なので、不用品を溜め込むことがないのだ。

不必要なものを買わないと、無駄なお金が出ていかないので、貯蓄に多く回せるのは当然だろう。それだけではなく、捨てるのが上手で、ものを溜め込まない習慣も、お金を貯めるためにはとても重要なことだ。

生活していると、ものが次第に増えていくのは避けられない。買ったものを捨てずにいると、どんどん溜まっていくばかりだ。

例えば、昔は好きだったが、最近はまったく着なくなった服。何となく買ってはみたものの、ほとんど使われることのない食器や生活雑貨。どんどん増えていく本や漫画。子どもの成長とともに不要になった教科書や参考書。ただでもらったポケットティッシュ。何かに使えるかもと、捨てずにいる包装紙やパッケージ。

こうしたものがあふれる生活をしていると、情報処理能力が追いつかなくなり、家の中に何があるのか把握できなくなる。そのため、似たような食器を買ったり、本棚の奥にあるのと同じ本を買ったりする。片付いていれば出ていくはずのないお金が出ていってしまうのだ。

そうはいっても、いつかは使うかもしれないから、捨てるのはもったいない。こう思う人もいるだろうが、ここ3年ほど使っていないものは、もう使うことはおそらくない。ぼんやり思っている、その「いつか」はやってこないのだ。

ものが多くて雑然としていると、脳の負担が大きくなり、集中力が低下するというアメリカのプリンストン大学の研究もある。この週末はチェストの引き出し、次は食器棚といった具合に、溜まったものを少しずつ整理して家の中をすっきりさせよう。

太ったら年収が12%も減る！ 肥満は健康も懐具合も損ねてしまう

大金持ちは飽食し、でっぷり太っているというイメージがあるかもしれない。しかし、これは随分昔の話。現代の成功者の多くは太ってはいない。

アメリカのボルチモア大学では、肥満のグループと普通体重のグループの平均年収を男女ともに調査した。研究の結果、肥満の人のほうが明らかに年収が低いというデータになった。その傾向は男性よりも女性のほうが顕著で、肥満の人は普通体重の人と比べて、給料が12%も少なかったという。

収入と肥満の相関関係を調べた研究はほかにもある。コーネル大学の研究では、肥満になると賃金に大きな差が出てしまうことを明らかにした。賃金の差は、勤務年数で換算すると約3年、教育年数でいえば1年半程度にも相当する。

入社して3年も働いてきたのに、配属されたばかりの新卒社員と同じ給料というわけだ。太り気味の人なら、絶望的になってしまうようなデータではないか。

もうひとつ、肥満の人が聞きたくない研究を紹介しよう。イタリアのパドヴァ大学がヨーロッパ9か国の男性3万人以上、女性2万人近くを対象に、肥満の人の年収を調査したものだ。この研究によると、ＢＭＩ（適正体重）が10％増えただけで、女性では時給が1・86％、男性が3・27％低くなることがわかった。

いずれの研究も、太ると収入が減ってしまうことを明らかに示している。肥満が収入減に直結する理由のひとつとして、特にホワイトカラーの社会では、太っている人は自己管理ができないとみなされることがあげられる。

肥満は食べ過ぎから起こる。なかでも太っている人は、安くておいしいジャンクフードを食べる機会が多い。ジャンクフードは脂肪や炭水化物が多く、健康に良くないことがわかっている。それなのに好むのだから自己管理ができない、そして職場で人の管理もできないと、低い評価を下されてしまうのだ。

肥満は収入減につながるだけではなく、生活習慣病の原因にもなる。日ごろから食生活には十分注意し、適正な体重を保つようにしよう。

「段取り」「想像力」「コスト管理」が決め手。料理上手はお金が貯まる！

意外に思えるかもしれないが、お金持ちには料理好きが多い。これは料理と仕事に多くの共通点があるからではないだろうか。

さまざまな食材をひとつの料理に仕立てるには、しっかりした構想力が必要だ。創作料理やレシピをアレンジする場合は発想力が問われる。手際良く調理を進めるには、段取りが良くなければならない。なるべくお金をかけないで作るには、きちんとコスト管理をすることが大切だ。

こうした料理作りに必要な能力は、仕事を進める際にもなくてはならないものばかり。仕事の成功者が料理上手というのもわかる話だ。

料理は気分転換にもなり、楽しみながらストレス解消もできる。じつは認知症を予防する効果もあるというから、老後、長く続けていく趣味としても適している。

調味料やスパイスはお金をかける価値あり！料理がレベルアップし、外食も減る

家で作る食事ばかりだと物足りない。レストランや料理店の味とは違うから、ときどきは外食したいものだ。しかし、お金はできるだけ貯めたいし……。こういった場合、家で食べる食事をランクアップさせることをおすすめする。

コツは良い調味料やスパイスを使うことだ。例えば、手軽な顆粒だしの代わりに、カビを付けて乾燥、熟成を繰り返した最高級の本枯れ節でだしを取ると、香りや味わいの違いは歴然だ。普通の食塩ではなく、海水のミネラル成分をそのまま残した完全天日塩を使ってみるのもいい。ほかにも良い調味料やスパイスはたくさんある。

安い食材を使っても、だしや味付けの素材が違うと、ぐっとおいしさがアップする。良いものは添加物が入っていないから健康にもいい。若干、値段は高くなるが、外食に比べたら微々たるものだ。

献立を決めないでスーパーへ。特売品や見切り品を上手に使う

毎日のように訪れるスーパー。食品の買い求め方については、大きく分けてふたつのタイプがある。

ひとつは、あらかじめ献立を決めて買い物に行く方法だ。麻婆豆腐なら長ネギと豆腐、ひき肉などを順番にカゴに入れていけばいい。買うものがわかっているので、てきぱきと買い物が進められるというメリットがある。

もうひとつは、まず売り場を回ってその日に安いものをチェックし、何を作るのかを決める買い物の仕方だ。買うものが決まっていないから、レジに向かうまでに多少時間がかかるかもしれない。しかし、特売品や見切り品を活用できるので、買い物を安くあげられる。

出費を抑えることを優先するのなら、こちらのほうがお得なのは間違いない。

「いいね！」が欲しくて、どんどん消費。SNSに熱中するとお金が出ていくばかり

ひと昔ほど前と比べると、若者のテレビを見る時間が随分減少しているという。家にいる間、何をやっているのかといえば、多くの場合はスマホをいじっている。動画を見たり、SNSをチェックしたりといった具合だ。

特に20代では、1日のうちにテレビを見る時間よりも、インターネットを利用している時間のほうが長くなっている。

とはいえ、SNSは主に若い世代のものかと思えば、じつはそうではない。利用者の素性がわかりやすいフェイスブックに関しては、意外にも60代が積極的に使っているという。いまや世代に関係なく、幅広く利用されているのだ。

本書のテーマ「お金を貯める」という観点から見ると、このSNSについてはどう考えればいいのだろうか。結論をいうと、SNSにのめり込むのは間違いなく良くな

い、ということになる。

　人がＳＮＳにのめり込み、大きな時間をさいてしまうのは、「いいね！」などのボタンをぽちっと押してもらいたいからだ。このＳＮＳ特有の機能が、お金を無駄に使わせようと強く働きかける。

「いいね！」の評価が欲しい気持ちは、心理学的に見れば、承認欲求という言葉で説明できる。承認欲求とは人から認められたい、必要とされたい、ほめられたいという気持ちのことだ。

　承認欲求が満たされると、ドーパミンという神経伝達物質が分泌され、脳が快感や幸福感を覚える仕組みになっている。ＳＮＳでいえば、「いいね！」と評価されると、ただそれだけで気持ち良くなってしまうのだ。

　この体のメカニズムから、「いいね！」が欲しいばかりに高価な外食をし、流行のファッションを買い求め、遠くまで旅行に行って、せっせとＳＮＳにアップする。消費のほうに目が向いているのだから、お金が貯まるわけがない。ＳＮＳにはのめり込むのを避けて、一歩引いた位置をキープすることが大切だ。

トイレをきれいにすると金運アップ！清潔でない家とは90万円も年収が違う

風水の考え方では、トイレは〝悪い気〟が集まりやすい場所だとされている。そのため、厄をはらって運気を上げるため、十分な掃除と換気が必要なのだという。

風水に科学的根拠があるかどうかはさておき、トイレ掃除を心がけると、本当にお金が貯まっていきそうだ。ライオンが実施した「トイレの清潔さに関する比較調査」によると、トイレがピカピカな家の世帯年収は平均５４２万円。これに対して、トイレがきれいではない家では平均４５４万円と、90万円近くもの差があったのだ。

調査ではさらに掘り下げており、トイレをピカピカにしている人は段取りが良く、友人が多いことがわかった。仕事をてきぱきとこなし、コミュニケーション力も高いので、職場で高い評価を得てたくさん稼いでいるというわけだ。この調査結果にならって、こまめなトイレ掃除からはじめるのもいいかもしれない。

「自分へのご褒美」はバカバカしいと思う

給料日やボーナスを支給されたあとで、「自分へのご褒美」をする人がいる。ちょっと高価なブランド物のバックや服、新機種のスマホなどを買って、頑張っている自分へのプレゼントにするのだ。

欲しかったものを手に入れると満足し、明日からまた元気に働こうという気持ちが湧くかもしれない。しかし、社会的に成功し、大きな収入を得ている人はこうした行為をバカバカしいと思うはずだ。

「自分へのご褒美」で買うような商品は、確かに良いものなのだろう。けれども、普段は本気で買おうとはしていなかった。

欲しいとは思うものの、本当に欲しいわけではなかったからだ。そして、必要なものでもない。本当に欲しくて、しかも必要なものなら、価格が少々高くてもすでに買っているはずだ。

では、なぜ給料やボーナスをきっかけに買うのかというと、まさにそれが「自分へのご褒美」だからだ。どうだ、普段なら買わない贅沢な商品を買ったぞ！と自分に向かって声を大にする。つまり、豪華な買い物をするのが一番の目的なのだ。

商品そのものが欲しいという思い以上に、買い物自体に価値を置き、お金を使っている。年収がそれほど高くないのに、こうした無駄づかいを繰り返していたら、お金を貯めることなどできない。

「自分へのご褒美」をしたがる人は、承認欲求が強いのではないか、という見方もある。「自分はこんなに頑張っている」と自負しているが、期待するほどの評価は得られない。思うような承認欲求が満たされないことから、自分で自分をほめようという方向に舵を切る。そして「自分へのご褒美」につながるというわけだ。

「自分へのご褒美」が好きな人は、なぜそうするのか、その裏にはどういう感情があるのか、自分の内面を振り返ってみてはどうだろう。何てバカバカしい行為をしていたのか、と気づくことができるかもしれない。

コンビニにはふらっと立ち寄らない！買うものがあるときだけ利用する

年中無休で、何時に行っても開いているコンビニ。特に買うものはなくても、帰宅途中などでつい立ち寄って、店内をぐるっと巡る人は多いのではないか。

何となく立ち寄ったコンビニで、買うつもりのなかったお菓子や総菜を手にしてレジへ。カウンターのケースの中には、おいしそうな唐揚げがあったので、ついでにこれも購入。こうして、出ていくはずではなかった数百円が消えていく。

一度ではたかが数百円でも、何度も繰り返していたら、すぐに数千円、数万円になる。しかも、これらは本来、買わなくても良かった商品だ。さらに価格で考えると、コンビニは決してお得ではなく、スーパーやドラッグストアのほうが割安で手に入ることが多い。コンビニに立ち寄るのは、明確に買いたいものがあるときだけ。この習慣をつけると、毎月の無駄づかいがかなり減るはずだ。

買うものを決める、長居はしない。これが100円ショップを使うコツ

食品や文具、生活雑貨、園芸用品など、値段わずか100円の商品がずらりと並ぶ。100円ショップはお金を貯めたい人の大きな味方と思うかもしれない。ところが、利用の仕方によってはまったく逆だ。

意外にお金を使い過ぎるのが100円ショップの落とし穴。あまりにも単価が安いから、罪悪感を覚えないで、ついつい衝動買いをしてしまうのだ。面白そう、便利そうと思って買ったものの、実際には使い勝手が悪かったり、すぐに壊れたりすることも少なくない。

100円ショップは楽しさにあふれているが、コンビニと同じく、買いたいものがないときはふらっと入らないようにしよう。訪れるのは、買うものをあらかじめ決めてから。その商品を見つけたら、長居をしないで、すぐにレジに向かうのが無難だ。

ウインドウショッピングはNG！買うものを決めてからショッピングを

オシャレな街に出かけて、ウインドウショッピングをするのは楽しいものだ。流行のファッション、高級な商品を見ているだけで目の保養になって、気分がウキウキしてくる。

しかし、その「見ているだけ」というのが難しい。欲しいと思った商品に呼び込まれるように、ふらふらと店の中に入り、ウインドウショッピングではなく、ただのショッピングになることも少なくないだろう。

お金を上手に貯められる人は、こうしたウインドウショッピングの怖さ、人間の弱さをよく知っている。このため、買い物をするときには事前に入念に調べておき、購入する商品を決めてから出かける人が多い。こうすれば、無駄なものを買うことはなく、時間も効率的に使うことができる。

1足の革靴を毎日履くとすぐ劣化する！2足、3足をローテンションしよう

ビジネスマンの足元をしっかり固める革靴。営業先に信頼してもらうには、薄汚れて色つやの悪い革靴を履くのは論外だ。

自分の評価を上げるためにも、仕事で履く革靴にはしっかり投資しておきたい。とはいえ、せっかくお金をはたいて上質な革靴を購入しても、その一足だけを毎日履き続けていれば、ダメージがだんだん積み重なっていく。その結果、そう遠くない将来に買い替えなければならなくなってしまう。

こうした事態を避けるため、革靴は最低でも2足、できれば3足揃え、ローテーションを組んで毎日交互に履くことをおすすめする。

それではかなりの出費になるのでは、と腰が引ける人がいるかもしれない。確かに初期投資はかかるものの、ローテーションを組むと長持ちし、じつはコストパフォー

マンスがいい。

同じ革靴を毎日履き続けるのが良くないのは、足は1日にコップ半分から、1杯分ほども汗をかくのが理由だ。履いたあとは乾かさないと、湿気がこもったままになり、雑菌が繁殖して靴の中が臭くなってしまう。

靴は常に地面のすぐ上にあり、土ぼこりや泥などがつきやすいのも困った点だ。こうした汚れも丹念に取り去らないと、やはり雑菌が繁殖するもとになる。毎日履き続けて、しかも手入れが悪いと、ひどい場合はカビが生えることさえある。

履いた革靴が完全に乾くまでには1~2日かかる。最低2足、できれば3足をローテーションするのはこのためだ。

理想をいえば、さらにもう1足、天気の悪い日専用の革靴があれば完璧だ。直接濡れる雨の日は、革靴が受けるダメージがずっと大きい。そこで、早く劣化しても惜しくない程度の革靴を1足用意し、条件の悪い日専用で頑張ってもらうのだ。

とはいえ、最初から3足、4足というのは初期投資がかかり過ぎるかもしれない。まずはもう1足買い足すことからはじめてはどうだろう。

購買意欲があおられて、あれもこれもとつい購入。バーゲンセールは近寄らないに限る

店のオープンセールや閉店セール、シーズンが終りに近づいたときのバーゲンセール。「セール」という言葉には、人をワクワクさせる力があるようだ。店には客が押し寄せて、押し合いへし合いの大賑わいになる。

けれども、さまざまな理由により、セールに行くのはおすすめしない。ひとつは、セールに行くと買い物をしないではいられなくなるからだ。

通常の買い物では、店内をぐるっと回ってみて、特に欲しいと思うものがなければ買うことはない。ところが、セールの会場では訪れた人はみな買う気満々。この熱気に引きずられて、特に欲しいものがなくても、つい何かを買ってしまう。

買うときはテンションが高くなっているので、いつものような判断が下せない。自宅に帰って、買ったものをよく見ると、ああ、なぜこんなものを……と後悔すること

も多いだろう。

セールを避けたい理由のふたつ目は、買い物の判断基準が「金額」になるからだ。普段は「質」「好み」「必要性」などを優先している人でも、セールの会場では判断基準が狂わされてしまう。

どういったセールでも、一番のセールスポイントは値段の安さ。そこら中に「半額」「70％オフ」「30％オフ」といった値札やディスプレイが目立ち、安さばかりを主張する。その勢いに押されて、金額の安さや値引き率だけを見るようになり、普段の判断基準がなおざりになってしまうのだ。

シーズンの盛りを過ぎた時期のバーゲンセールの場合、行かないほうがいい理由はほかにもある。バーゲンが開かれるのは、シーズンの半分が過ぎた時期。このため、せっかく買い求めても、今シーズン中に着られるのはわずかな期間。来年になったら流行が変わって、着られるかどうかわからない。

バーゲンに行くと、本当はそれほど欲しくなく、必要でもないものを買う可能性が大。避けたほうが賢明だ。

寝るのが遅いと「朝活」できない！お酒を控えて、早寝を習慣に

お金をよく稼ぐ人たちは、朝起きるのが早い。ということは必然的に、夜早く寝る習慣も身についている。成功した人たちにならって、早起きに加えて早寝も心がけるようにしよう。

早く寝るためには、仕事を終えてからの飲み歩きを控え、家での晩酌もほどほどにしておかないといけない。せっかく早起きしたのに、まだアルコールが残っていれば、朝の時間を利用する「朝活」が満足にできなくなる。

早寝早起きを習慣にすると、朝の時間をどう有効に使おうか、寝るまでの間をどのように過ごそうか、と以前よりも考えるはず。自分の時間をコントロールして上手に使う訓練にもなるわけだ。時間の管理は、お金の管理とよく似ている。時間を有効に使えるようになるにつれ、お金を無断に消費しないコツも身についていくだろう。

午前中、しっかり働くため、朝食を取って脳にエネルギー補給を

年収が高い人は早起きだから、朝の時間がたっぷりある。「朝活」に励むうちにお腹がすくので、朝食は必ず取っているだろう。一方、早起きが習慣になっていない場合、朝食はほとんど食べないという人が相当いる。

脳を働かせるエネルギー源はブドウ糖。体内に大量に貯蔵できないので、食事のたびに補給する必要がある。朝食を抜くと、昼食までの長い間、脳はエネルギー不足の状態が続いてしまうのだ。これでは記憶力や集中力が確実に落ちるので、仕事がなかなかはかどらない。

パフォーマンスの悪さは、周囲の人にも伝わることだろう。上司から低い評価を下されると、給料はなかなか上がらない。脳にしっかり働いてもらうために、朝食は必ず取ろう。そのためには、やはり早寝早起きを習慣づけるのが大切だ。

やっぱり長生きはしたい。でも、不健康長寿ではお金が出ていくばかり！

将来、貯めたお金を減らさないために、絶対に必要となるのが健康だ。命にかかわる生活習慣病を発症したら、手術や治療、通院などで大きな費用が必要になる。

健康の大切さをよくわかっているのが、お金をたくさん持っている人だ。厚生労働省の調査（２０１４年）によると、健康のために積極的にやっていることや、特に注意を払っていることがある人の割合は、年収１千万円以上では24・２％にのぼった。

これに対して、年収６００万円以上１千万円未満では18・２％に減り、さらに２００万円以上６００万円未満では15・７％、２００万円未満になると14・９％にまで減ってしまう。明らかに、お金を多く稼いでいる人ほど健康に気をつけているのだ。

せっかく貯めたお金から、医療費がどんどん出て行かないように、若いときから健康づくりに励みたいものだ。

がんになったら収入激減！健康診断に加えて、毎年がん検診を

ある年代に達したら、毎年、ほとんどの人が健康診断を受けているだろう。しかし、日本人の死因の第1位であるがんを早期発見するには、一般的な健康診断だけでは十分ではない。

がんの治療方法は近年、非常に向上し、早期発見できれば完治する可能性が高くなってきた。だが、ほかの病気と比べて、治療が長期にわたることが多い。体への負担も大きく、以前のようには働けなくなって、収入が約2割ほど落ち込むといわれている。これでは、お金を貯めるどころの話ではない。

発症しても、できるだけ早期に発見し、速やかに完治するには、がん検診を受けることが不可欠だ。受診料がもったいないからと、健診を受けないでいると、近い将来、その何10倍もの出費が必要になるかもしれない。

歯の病気はお金がかかる。年1回の定期検診でトラブルを早期発見

健康診断は毎年受けても、歯の定期検診はまったく受けない人が多い。ズキズキしてきたら受診すればいい、と思っているのだろう。その考え方を変えなければ、やがて虫歯や歯周病になって、大きな治療費が必要になるのは間違いない。

「80歳になっても20本の歯を残す」という「８０２０運動」がある。そんな標語で訴えることが必要なほど、年を取ったら歯はダメになっていくものだ。

歯の治療にはけっこうお金がかかる。虫歯なら1本７０００円から2万円以上の治療費が必要で、保険適応外にすればなおさらだ。歯周病の治療費も安くて3万円程度で、重症化した場合はずっと高くなる。

年金暮らしになって、大事な貯蓄からこうしたお金が消えていくのは辛い。毎年、歯の定期検診を受け、歯石を取るといった予防をしておくのが賢明だ。

認知症になったら医療費が月4万円！速足習慣で数百万円が浮くかも

がんや脳卒中になったら、手術や入院のときに大きな費用がかかり、仕事にも支障が出て収入が下がるのは誰でも知っている。しかし、認知症についてはどうだろう。相当甘く考えている人が少なくないのではないか。

慶応義塾大学と厚生労働省の共同研究によると、認知症になった場合、通院による医療費が月に3万9600円も必要になる。年金だけが頼りのときに発症すると、蓄えを切り崩すことも考えなければならないだろう。

さらに、介護が必要になった場合、在宅介護では年に約219万円、施設に入居すると約353万円もの費用がかかる。何10年もかけてコツコツ貯めたお金が、飛ぶように出ていってしまうのだ。

認知症の約7割を占めるアルツハイマー型については、アメリカで治療薬が開発され、日本でも薬品メーカーが承認を目指している。明るい話題ではあるが、その費用は年間約600万円。これほどの大金を払えるお金持ちは限られるだろう。

とにかく認知症になったらお金がかかる。自分ではなく配偶者が発症しても、頭に描いていた老後の暮らし方が崩壊してしまうのだ。

アルツハイマー型認知症を引き起こすのは、脳の神経細胞の老廃物「アミロイドβ」。この物質が脳内に溜まることにより、神経細胞がダメージを受けてしまう。

アミロイドβを脳から減らす方法として、最も効果的なのが有酸素運動だ。その有効性はさまざまな研究で証明されており、例えばフィンランドの高齢者1500名を調査した結果、有酸素運動を週2回行っている人は、運動習慣のない人と比べて、認知症の発症リスクが半分程度しかなかった。

手軽にできる有酸素運動といえば、やはり速足で行うウォーキング。まったく運動習慣のない人は、まずは駅やバス停まで速足で歩いたり、エスカレーターを使わないで階段を上ることからはじめよう。いま運動習慣をつけることで、将来、何百万円もの出費を抑えられるかもしれない。

Part 3

お金持ちに学ぶ 稼げる人に変わる習慣、集めました。

早起きは100万円の得。
行列になんか並ばない。
新聞は見出しのみをチェック。
お金持ちの習慣を学んで、
お金をいっぱい貯めよう。

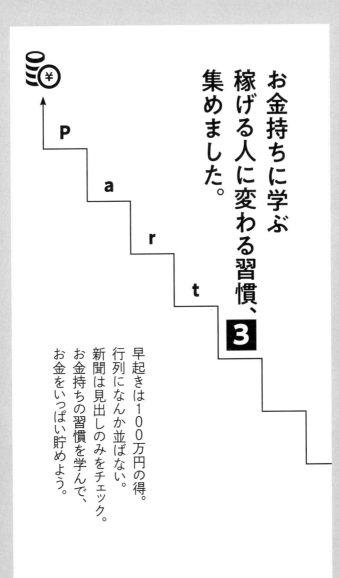

1回の遅刻で信頼をなくすかも！約束の時間は絶対に守る

アメリカ建国の父とも言われるベンジャミン・フランクリンの言葉、「Time is money」――「時は金なり」という言葉は有名だ。そして、お金をたくさん稼ぎ、よく貯める人はこの格言が正しいことを知っている。

あなたが普段から約束に時間通りに現れず、遅刻の常習犯だと周りに思われており、しかもその悪癖を直すつもりがないのなら、お金を貯めるのはもうあきらめたほうがいい。時間にルーズなのは、それほど悪い習慣なのだ。

例えば、約束の時間に15分遅れたとしよう。これはただあなたが遅れたというだけではない。待たせた相手の時間を15分奪ったことになる。

いやあ、たった15分程度のこと……と遅刻魔なら悪びれないで思うかもしれない。

しかし、待たせた相手の時給が３０００円だった場合、ランチ１回分ほどに当たる7

50円に相当する時間を無駄にしたのと同じ。まさに、これが「Time is money」ということなのだ。

たかが遅刻、と思ってはいけない。相手からお金を奪うような行いをする人間のところに、お金がどんどん集まってくるわけがない。

相手は待っている間、ひどくイライラしていたかもしれない。遅れて現れたあなたに対して、良い感情を持って欲しいというのは無理な相談だろう。待たせた相手が時間に厳しい人の場合、ただ1回の遅刻をしただけでも、信用できない人間というレッテルを貼られてもおかしくない。

ある程度は鷹揚な人でも、何度か遅刻をされると、あんなルーズな人間には会いたくないと、接触を避けようとするかもしれない。自分のだらしなさの結果、さまざまな有益な情報が集まらなくなっていく。

大きな成功を収めたお金持ちは、約束には決して遅れないといわれる。評価されてポジションを上げ、収入アップにつなげるためには、決して相手の時間を奪わないことが大切だ。

早起きすると三文の得どころか、100万円も年収がアップする！

高い年収を得て、お金をたくさん貯めている人の多くは、早起きが習慣になっているのを知っているだろうか。

その裏付けになるひとつが、プレジデント社による「朝型」「夜型」を比較した調査。年収400万円未満では「朝型」の人が3割程度しかいないのに、900万円前後では5割近く、1400万円では6割以上の人が「朝型」という結果になった。

さらに貯蓄額についても調査。すると一層明らかな違いが出て、貯金が100万円未満では「朝型」が約2割なのに対して、「夜型」は約5割もいた。一方、5000万円以上の貯蓄を持っている層では、朝と夜の過ごし方がほぼ逆転。「朝型」が約4割で、「夜型」はその半分の約2割しかいなかった。

これらの調査結果には、ちょっと物言いをつけたくなる人がいるかもしれない。稼ぎのいい人は企業の社長など年齢が高めの人が多いので、必然的に早起きの人の割合も多いのではないか、という理屈だ。

調査結果には、その傾向がある程度影響しているのは確かだろう。ただ、40代のみの調査を見ると、年収600万円未満では「朝型」が約3割なのに対し、「夜型」はその倍の6割近くもいる。やはり、「朝型」は「夜型」よりも年収が高く、蓄えも多い傾向にあるといっていい。

早起きと年収の相関関係を明らかにした調査は多い。もうひとつ、KDDIが行った調査についても紹介しよう。「早起き上手」のグループは、「寝坊常習犯」のグループよりも稼ぎが良かったというものだ。それも「早起きは三文の徳」どころではなく、年収が100万円も多かった。

1日のなかでも、朝はいちばん集中力が高くなるという。お金を多く稼いでいる人たちは、早起きを習慣にすることにより、「朝活」の時間を作って有効活用しているわけだ。出勤前のぎりぎりまで寝ていて、起きたら大急ぎで支度をして家を出る。こうした習慣を続けていると、日々、着実に差を拡げられるばかりだ。

高過ぎる目標は失敗のもと！やればできるかも？程度で成功体験を

もっと稼ごう、お金を貯めようと、起業や副業、投資などにトライする場合、陥ってしまいがちなミスがある。最初から高過ぎる目標を設定することだ。

手持ちの資金をかき集めて起業や出店をしたものの、すぐに撤退するのでは意味はない。副業で稼ごうと考えるのはいいが、空いている時間を目いっぱい使うと、ほどなく心身ともに疲弊するだろう。投資も最初から大金をつぎ込むのは厳禁だ。

日ごろ近所の散歩しかしていない人が、いきなりフルマラソンに挑戦することはない。市民マラソン大会に出場したいと思ったら、はじめは数キロのランニングからはじめ、体を慣らしながら徐々に距離を伸ばしていくのが鉄則だ。

お金を稼ぎ、貯めることも同じ。少し頑張れば手が届く、一歩先の目標をまず立てる。そこで成功を収め、少しずつ上を目指していくことが大切だ。

1日5分、新聞の見出しを流し読み。これだけで日本や世界の動きがわかる

最近、新聞を読む人がめっきり減ってきた。特に若い年代の新聞離れが加速しており、総務省の調査によると、1日10分以上新聞を読む人は、20代では5%、30代でも10%程度しかいない。

こういった人に「もっと新聞を読まなきゃ」と言うと、「ネットでニュースは見ているから大丈夫」という答えが返ってくるだろう。確かに、スマホの中にはネットニュースがあふれており、特に新聞を読まなくても問題なさそうに思える。

しかし、仕事で成功してお金をもっと稼ぎたい、という希望があるのなら、ネットニュースだけを見るのはおすすめしない。新聞に目を通すほうが、はるかに世の中の動きがつかめ、仕事に活かせる情報を仕入れることができるからだ。

成功した経営者やお金持ちは、経済新聞も含めて、複数の新聞を毎日読んでいる人

が多い。とはいっても、各紙を熟読するわけではない。それでは読み終わるまでに数時間かかってしまうだろう。「Time is money」が信条のお金持ちは、そういった無駄な時間の使い方はしない。

彼らは新聞を開いたら、自分の興味とは関係なく、とにかく間口を広げて、すべての紙面の見出しだけを順番にチェックする。テレビを観るとき、しきりにチャンネルを変えるザッピングのようなやり方だ。

新聞は政治、経済、金融、事件、海外情勢、地域情報、スポーツ、文化など、あらゆる分野を網羅している情報の宝庫。1日5分、10分程度、見出しをチェックするだけで、国内外で何が起こっているのか、おおよそのことをつかめる。

各新聞にはウェブ版もあるが、こうした流し読みをするには不向きだ。各種ネットニュースのサービスは、気になる出来事を深追いするのには便利な一方、多彩な情報を短時間でどれほど得られるか、という点で新聞には遠く及ばない。

毎朝、新聞の見出しの流し読みを習慣にしてみよう。興味をひかれる記事が見つかれば、見出しをチェックしたあとでじっくり読めばいい。

流されるのは受け身の情報だけ。だから、お金持ちはテレビを見ない

自宅でくつろいでいるとき、主に何をしているだろうか。ちゃんと見ているかどうかは別にして、とりあえずテレビをつけているという人は多いのではないか。

じつは、お金を持っている人なら、これはまずやらない習慣だ。アメリカのアンケート調査によると、富裕層の62%が1日に1時間未満しかテレビを見ないという結果が出た。

逆にいえば、平日でも2~3時間以上、休日ならその倍もテレビを見ているような人は、お金持ちになるのは極めて難しいかもしれない。

社会で成功した人がテレビをほとんど見ない大きな理由は、受動的な時間の使い方を強いられるからだ。

テレビ番組はテレビ局が制作し、それを流しているだけ。受け取る側はチャンネル

を変えるという選択肢はあるが、それ以上、積極的にかかわることは不可能だ。提供される映像をただ見ることしかできない。

深く考える必要はないから、時間をつぶす方法として、楽といえば楽。ひとつの番組が終わると、すぐに次の番組がはじまるので、見ようと思えばいつまでもテレビの前に座っていることができる。

テレビの前にいるときは、のんびりリラックスできる大切な時間だと思っている人がいるかもしれない。しかし、実際にお金をたくさん持っている人はそうではない。受動的に過ごすのは時間の無駄。限られた大切な時間は、もっと有効に使いたいと考えている。

もっと稼いで、お金を貯めたいと思っているのなら、ここはお金持ちの習慣になってみてはどうか。

とはいえ、急に一切テレビを見なくなるというのは、生活が激変し過ぎてしんどそうだ。今日は2時間までにして、このドキュメンタリーとドラマだけにするなど、視聴時間を短くして観る番組を減らすことを習慣にしよう。

人をほめる習慣を身につけると、どんどん味方が増えていく！

味方が多いと、何かと得をするのは間違いない。仕事に活かせる良い情報が集まりやすくなるし、「あの人のためなら」と力になってもらえる。味方が少ない人と比べると、仕事が順調に進みやすく、より多くのお金を稼げる可能性が高くなる。

では、どうすれば味方を増やせるのか。まず心がけたいのは、相手の良いところを見つけてほめる習慣をつけることだ。どんな人でも良いところのひとつくらいはあるはず。周りの人を普段から観察して、美点といえる点を見つけ、タイミングを見計らってほめるようにする。

ほめられたら、誰でも悪い気はしない。自分の良いところをわかってくれている、とうれしい気分になって、何かあったらこの人の役に立ってあげよう、と思うようになるものだ。明日から1日1回以上、人をほめる習慣をつけてみてはどうだろう。

普段の会話からその人の趣味を察知！送られた相手が感激するプレゼントを

自分の味方になってもらうため、ほめることに加えて、もうひと押しする手がある。何かの折に、贈り物をすることだ。

贈り物とはいっても、お中元やお歳暮として、デパートが用意している食料品の詰め合わせを贈るようなことではない。贈られた相手が、「ああ、この人は私をよくわかっている」と感激するような贈り物をするのだ。

もらってうれしいと思うものを選ぶには、普段の会話などの中から、相手が興味を持っていることや本当に好きなものを察知しなければならない。人をよく観察するのが大事という点では、ほめるポイントを見つけるコツと共通する。

ありがたい贈り物を受け取った人は、次は自分が何かを返さなければ、という心理状態になる。味方が1人増えたと思ってもいいだろう。

見栄を張りたがるのはお金のない人。お金持ちは無駄な出費はしない

お金をたくさん持っている人は、豪邸に住んだり高級外車に乗ったりと、贅沢な暮らしをしていると思うかもしれない。もちろん、そういった成金的なお金持ちもいるが、富裕層の多くは必要以上に豪華な暮らしはしていないといわれる。

言い換えれば、お金持ちは見栄を張らない。高い買い物をしようと思えば簡単なのだが、「私はこんなにお金を持っているよ」とばかりに、無駄なお金を使って自分を大きく見せようとはしないようだ。

ただでさえ多額のお金を蓄えているのに、無駄づかいをしないから、ますますお金が貯まっていく。まだお金が貯まっていない人も、こうしたお金持ちの習慣を見習ってはどうだろう。周りの目を気にせず、見栄を張らないでいると、以前よりも出ていくお金が減っていくはずだ。

待ってるなんて時間の無駄！お金持ちは行列や混雑が大嫌い

おいしいと評判のラーメンを食べに行くと、店の前には長い行列が。せっかくここまで来たのだからと、1時間並んで店に入った。あるいは、テーマパークの人気アトラクション。ここも想像通りの行列が続いていたが、やはりおとなしく並んで1時間待った。

こういったように、行列のある店やイベントに行くのが好きな人もいるだろう。しかし、並んで待つのに抵抗がないのなら、お金を貯めるのは難しい。

仕事で成功したお金持ちは、そこがいくら注目の人気スポットであっても、行列には並ばない。なぜなら、並んで待つということは、自分の時間を奪われているのと同じだからだ。

お金を多く稼ぐ人は、「Time is money」をベースに行動していることが多い。自分が行列で1時間待つなんて考えられないだろう。

成功者が行列に並ぶのを嫌う理由には、他人の価値観に合わせることを好まないからでもある。

マスコミでもてはやされたり、SNSでバズッたりしている人気店については、一応、情報としてはチェックするかもしれない。とはいえ、その店自慢のメニューが自分の好みに合っているかどうかはわからない。

深い考えもなく、おいしいと評判の店の行列に加わるのは、集団心理に流された行動といえる。成功を収める人は、ほかの人と同じでいたいと考え、それで安心するような思考回路は持っていない。

行列と同じく、混雑するところへもお金持ちは行かない。連休の行楽地、渋滞が予想される高速道路、人でごった返すに違いないオープンしたてのショッピングモール。こういったところも、行列に行かないのと同じ理由で嫌う。

仕事で成功し、多額の収入を得たいのなら、こういった合理的な考えをもとに行動することが肝心だ。

あの世界屈指の大富豪に学ぼう。同じ服を何枚も揃えて、時間とお金を有効活用

アップルの共同創業者の1人、スティーブ・ジョブズがいつもイッセイミヤケの黒いタートルネック、リーバイスの501を身につけ、ニューバランスのスニーカーを履いていたことは有名だ。彼が制服のように同じ服を着るのは、選ぶときに迷う時間をなくし、ベストな状態で仕事に臨むためだという。

確かに、いつも同じ服を着るのを習慣にすると楽。出かける前に今日は何を着ようかと考える必要がないので、時間を効率的に使える。新しく買うときに、何を購入するかが決まっているため、迷うことなく買い求めることもできる。店でほかの服に目移りしないので、無駄な買い物もしなくなるだろう。

ジョブズほど徹底するのは難しいかもしれないが、毎日、同じ服装で許される業種であるなら、試してみる価値はあるかもしれない。

1人のとき、ダラダラするのはNG。考える時間にあてて、脳をフル回転させる

お金持ちは1人の時間が好き。富裕層と仕事をする機会の多い人たちは、異口同音にこうした印象を語る。これを象徴するのがマイクロソフト社の共同創業者、ビル・ゲイツの逸話だ。彼は年に2回程度、普段の業務から離れ、家族とも会わない「Think week（考える週）」を設けて、頭の中を整理していたという。

凡人は1人でいるとき、ただぼんやり過ごしていることが多いかもしれない。しかし、仕事で大きな成功を収めた人たちはそうではない。集めた膨大な情報をつなぎ合わせ、そこから新しい何かを生み出せないか、クリエイティブな作業をし続ける。そのために、静かで深く考える時間をあえて作っているのだ。

もっとお金を稼ぎたいと強く思う人は、こうした成功者の習慣に学んでみるのもいいだろう。

失敗はただの通過点。そこから教訓を学んで、また先に進む

失敗するのが嫌だから、できるかどうかわからないことに挑戦はしない。こうした心構えでいる人は、大きな失敗をするケースはないだろう。そして、大きな成功を手にすることもない。

仕事で成功を収め、高額の収入を得ているお金持ちは、じつは失敗を何度も繰り返してきた人が多い。こうした成功者に共通するのは、「失敗は通過点」だと考える強いメンタルを持っていることだ。

通過点なのだから、それで終わりではない。なぜ失敗したのかを考え、それを教訓として再度チャレンジする人だけが、最終的に成功者となることができる。失敗とは貴重な学びのチャンスなのだ。日ごろからそう考えて、ここが勝負どころだと感じたら、果敢に挑戦してみてはどうだろう。

誰かと争っても得はなし。「金持ち喧嘩せず」が敵を作らないコツ

「金持ち喧嘩せず」ということわざがある。これは概ね本当で、成功者となった人は余裕があり、立場的に相手よりも有利な点が多いので、わざわざ誰かと争うようなことは避けるものだ。

いまはお金持ちでない人も、日ごろから「金持ち喧嘩せず」を実行したほうがいい。意見や立場が異なり、対立しそうになった場合、むやみに相手を攻撃しても得るところはないからだ。

相手を言い負かした、打ち負かしたという自己満足的な気分には浸れるかもしれない。しかし、相手の立場から見れば、言い負かされた、打ち負かされたということになる。いつか仕返しをしてやる、などと思われたらたまったものではない。仕事で成功したいのなら、金持ちでなくても喧嘩はＮＧだ。

出世してお金を稼ぎたいのなら、「マザコン」の心理に学べ

「マザコン」という言葉には、あまり良いイメージがない。「マザコン男」を毛嫌いする女性もかなりの割合で存在する。しかし、そういった女性は、男性に対する自分の好みを改めたほうがいいかもしれない。お金を稼ぐという点では、じつはマザコンのほうが優秀なのだ。

驚かされる研究発表を行ったのは、あの名門ハーバード大学。２６８人の学生を75年間にわたって追跡調査したところ、55歳から60歳にかけて、マザコンはそうでない男性よりも、平均約８７０万円も高い年収を得ていたのだ。

研究者によると、マザコンが成功する可能性が高いのは、承認欲求の心理が影響しているのだという。

親から強く期待され、愛情をたっぷり注がれて育つと、その気持ちに応えようと努

力をする。特に母親から愛される男性にその傾向が強く、愛するママにほめられようと頑張るのが習慣になっていく。

そうやって成長した男性は、大人になっても誰かの期待に応えようとするのだという。上司に認められたい、取り引き先を満足させたい、と思って努力を重ねて順調に出世し、高額の年収を得るのに成功するわけだ。

じつは、人間というものは、自分のためだけにはそれほど頑張ることのできない生き物だ。身近な大事な人に認められたい、ほめられたいと思うからこそ、自分の持っている最大限の力が発揮できる。

もっと稼ぎたい、もっとお金を貯めたいと思うのなら、この人間が持っている承認欲求のパワーを有効に使ってみよう。

何も、いまさらマザコンになる必要はない。自分の大切な家族のために一生懸命に頑張る、という気持ちをより一層持つようにすればいい。あるいは、上司にほめられたい、顧客に満足してもらいたい、という思い込みでもかまわない。そうすることで、これまで以上の力が出るはずだ。

お金持ちのスケジュール帳には、将来の夢や目標も記録されている

仕事をしている人の多くはスケジュール帳を持ち、これからの予定を書き込んでいる。これはごく普通のことなので、毎日心がけていても、特に仕事ができるようになるわけではない。

そこで、スケジュール帳の使い方をガラッと変えてみよう。事業に成功した人たちがよく行っているという方法に学ぶのだ。

スケジュール帳には普通、いつどこで誰と会うのか、会議はいつあるのか、といったことを記録していく。しかし、成功した人たちが書き込むのは、こうした単純な日時や場所の予定だけではない。

これからやるべきこと、やってみたいこと、自分の将来に向けた計画、5年後までに成し遂げたい目標、ふと頭に浮かんだアイデア、仕事相手との会話の中で感銘した

言葉。とにかく、思いついたことを何でも書き込んでいくのだ。

書いているうちに、自分の考えが整理され、引き寄せたい未来がだんだん鮮明になっていく。いま書いたばかりの一文に触発され、また新たなアイデアや目標が浮かぶこともあるだろう。

こうしたメモ書きの多い手帳は、いわば自分の分身のようなもの。心の底でどういったことを考えているのか、将来の夢や目標は何か、本当に好きなもの、得意なものは何か、といった「自分」に関するさまざまなことが書き込まれている。

パソコンやスマホのアプリを利用する方法もあるが、スケジュール帳に記録するほうをおすすめする。手書きはキーボードを操作するよりも、文字が形として現れるまでに時間がかかる。このため、脳はひとつひとつの文字を強く認識し、書かれたことを頭によりとどめようとするからだ。

こうしたスケジュール帳を何度も見返すうちに、夢や目標に向かって必要なもの、いま足りないものが何かもわかってくる。しっかり把握できれば、具体的な一歩を踏み出すこともできるだろう。

30年先の未来は考えるだけ無駄。しかし、10年先のことは本気で考える

日々を懸命に生きるだけで精一杯。そういった人は、虫眼鏡を手にして自分の足元に目を凝らしているようなものだ。しかし、それではなかなかお金が貯まらない。

将来もっと稼ぎ、お金を貯めたいのなら、現状だけを注視してはいけない。目先だけではなく、中長期的な視点を持つことが重要だ。いわば虫眼鏡ではなく望遠鏡を持って、1年先、3年先、5年先の自分はどうありたいのかを考え、その目標に向かって学んだり投資したり、しっかりしたライフプランを立てるようにしよう。

ただし、望遠鏡の倍率はせいぜい10年先が見える程度でかまわない。20年、30年先になると、世の中がどう変わっているのか、見通すのは不可能だからだ。今から30年前には、インターネットがこれほど普及するなど想像もできなかった。考えても無駄なことはやめ、10年先までを本気で考えるようにしよう。

Part 4

着実に貯まっていく仕組みづくりの習慣、集めました。

お金を貯めたい！と、
思うだけでは何も変わらない。
無駄づかいがなくなって、
着実にお金が貯まっていく
仕組みづくりが大切だ。

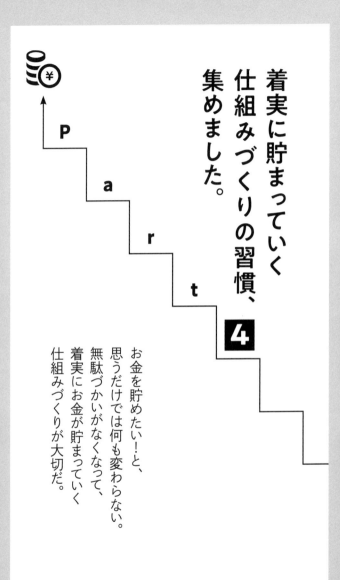

収入が上がっても、生活レベルは上げない。多く稼いだ分だけ、どんどん貯まっていく！

お金が貯まるのは、稼いだお金を蓄えに回すからだ。この簡単な道理がわからない、あるいはわかっていても実行できない人が何と多いことか。

懐具合に余裕ができたら、高価なものに囲まれて暮らしたい、高級な店で外食したい、もっと良い部屋で暮らしたい、海外旅行に行きたい、お金を使って楽しく遊びたい、と思ってもおかしくはない。しかし、そういった生活をしていたら、お金が貯まるわけはない。

例えば、月収30万円のとき、飲食費が5万円だったとしよう。それが月収40万円になったとき、外食を増やして月に15万円使ってしまったら、手元に残るお金は月収30万円のときと同じだ。

2021年の家計調査によると、勤労者世帯の年収と月間消費支出（生活費）平均額の関係は次のようになっている。

A　年収466万円未満　↓　22万1435円

B　年収466～604万円　↓　25万8599円

C　年収604～750万円　↓　28万8273円

D　年収750～962万円　↓　33万8708円

E　年収962万円以上　↓　44万328円

世帯年収が上がるにつれて、支出も増えているのがよくわかる。良い暮らしをすることにより、もっと働いて稼ごうという気持ちも湧く。ああ頑張ってきて良かった、と充実した幸せな気持ちにもなるだろう。人生で重要な要素ではあるが、多く稼いでも、その分をそっくり使ってしまうのはどうか。

Aの年収の世帯でも、いずれBの年収になるかもしれない。そのとき、収入と支出のバランスをどう取るのか。統計上の平均値のように、3～4万円も支出を増やすのか、1～2万円の上昇に抑えるのか、同じレベルの生活を続けるのか。どう選択するかによって、お金の貯まり具合はまるで違ってくる。

残ったお金を貯蓄に回すのはＮＧ！
貯蓄の残りを生活費にするのが正解

お金を貯めたいのは山々だけれど、全然、貯蓄額が増えない……。このように嘆く人は、手にした収入から食費や娯楽費などの生活費をまず支出し、余った金額を貯蓄に回そうとしているのではないか。

こうした余ったお金を貯蓄する方法を取ると、動かせる金額の枠がそれなりに大きい分、割合、自由にお金を使える。冠婚葬祭といった突発的な支出に対しても、柔軟に対応できることが多いだろう。

欲しいものがそれほどなく、贅沢な飲み食いなどもしない人であれば、この方法でもお金は順調に貯まっていく。あえて習慣を変える必要性は低そうだ。

しかし、お金があればあるだけ使ってしまうタイプの人の場合、余ったら貯蓄に回すなど、絵に描いた餅でしかない。給料が入ると、しばらくの間は外食の連続。あっという間にお金が出ていき、次の給料日の直前にもなると、財布の中はさびしい限りになってしまう。

自分がお金を使いたがるタイプだと認識し、にもかかわらずお金を貯めたいと本当に思うのなら、余ったお金を貯蓄に回そうとするのはやめるべきだ。考え方をまったく変えて、まず決まった金額を貯蓄に回し、残ったお金でやり繰りすることを強くおすすめする。

先に貯める額を決めておくと、計画的な貯蓄ができる。仮に毎月5万円を貯蓄に回すと、1年で60万円になり、5年たつと300万円に膨らむ。

使える金額が少なくなるため、いままで通りの暮らしができるのか、ちょっと不安になるかもしれない。しかし、決まった予算内でやり繰りする癖がつくにつれ、無駄な出費も減っていくものだ。

総務省統計局の調査によると、毎月、手元に残るお金は20代で平均約3万7000円、30代で約4万9000円、50代で約5万4000円。給料にもよるが、まずはこの平均レベルの金額を目標にし、慣れてきたら上げるようにしてみてはどうだろう。

ボーナスを生活費に回すのはNG！「活きたお金」にすることを考える

会社員などの勤め人の多くは年2回、ボーナスをもらえる。この大きなお金は、どのような使い方をするのがいいのだろうか。

よく見かけるのは、ボーナスを生活費の足しに回すことだ。だが、これではせっかく手にしたまとまったお金の活きた使い道にはならない。

毎月もらう給料が少なくて、どのようにやり繰りしても暮らせない場合は仕方がない。しかし、そうではないのなら、ボーナスはあくまでも臨時収入としてとらえ、生活費とは別の使い方をしたいものだ。

しっかりした目的があって、お金を貯めたいと思っている人なら、ボーナスの使い道はシンプルだ。もらった金額をそっくりそのまま貯蓄に回せばいい。

若くて蓄えが少ない人も、ボーナスは貯蓄するのがおすすめだ。万一、リストラされたり会社の業績が傾いたりしたとき、蓄えがなかったらたちまち苦境に陥ってしまう。とりあえず、自分の年収と同じ程度の金額の貯蓄を目指そう。

50代くらいになって子どもが独立している場合も、まだ安心できるほどの貯蓄がないのなら、ボーナスを蓄えに回したほうがいい。老後の資金がないと、年金だけでは生活が厳しいことが予想されるからだ。

住宅ローンを毎月支払っている場合は、ボーナスを貯蓄に回すのは得策ではない。子どもの教育資金などとの兼ね合いもあるだろうが、できるだけ多くの金額を住宅ローンの繰り上げ返済に回すべきだ。返済期間がカットされ、その間の金利も支払わなくて済むようになる。

貯蓄にある程度回したうえで、残りのお金を使って、旅行やレジャーを楽しむのもいい。これも活きたお金の使い方で、浪費ではない。自分の稼いだお金で普段できないことをやれば、これからまた頑張ろうと思えるはずだ。

キャリアを高めるための自己投資に使うのもいい。仕事に役立つ通信教育や勉強会などの費用にするのは、典型的な活きたお金の使い方といえる。

「家の頭金」「100万円」「3か月分の生活費」目標を明確にすればお金が貯まりやすい

貯蓄をしたいと思っていても、ただ漠然とお金を貯めようとしていては、蓄えがなかなか増えないものだ。一方、貯蓄に成功している人は、お金を貯める目標をはっきりさせていることが多い。

蓄えがまったくない人の場合、とりあえず「3か月分の生活費」を目標にするのがいい。何かのトラブルで収入が途絶えた、あるいは激減した場合、当座の生活資金がある程度必要だからだ。自己都合で退職した場合、失業保険が給付されるのは3か月後なので、その間をしのぐためという意味合いもある。

着実に蓄えを増やすには、毎月、可処分所得（手取り額）から決まった割合の金額を貯蓄に回す方法が効果的だ。総務省統計局の調べによると、年収300万円台の世帯では手取りの20％台、年収400万円以上、1千万円未満の世帯ではだいたい30％

台の金額を貯蓄に回している。

お金が貯められないと自覚している人の場合、「収入の20％」程度からはじめてはどうだろう。試してみて、残った金額で無理なくやり繰りできるのなら、次は月収の25％、あるいは30％といった具合に上乗せしていけばいい。

貯蓄する金額を目標に設定する方法もある。例えば、「100万円」という切りの良いところを目標にする。この数字に特に意味があるわけではないが、何となくまとまった金額っぽいので、目標としてイメージしやすいのではないか。

毎月4万円ちょっと貯蓄に回せば、2年間で100万円に達する。もっと頑張って、毎月8万3千円ほど貯めていけば、わずか1年間で目標を達成できる。100万円が貯まれば、また次の100万円を目指していこう。

貯蓄を増やして何をしたいのか、具体的な目標を決めると、一層、お金を貯めるモチベーションが上がる。例えば、「マイホームの頭金として500万円」「子どもの結婚資金の足しに200万円」といった具合だ。こういった大きな目標があると、前向きな気持ちでお金に向き合っていきやすい。

買ったつもり、行ったつもり、食べたつもり。着実にお金が貯まる「つもり貯金」

「つもり貯金」という、お金を貯めるアイデアを知っているだろうか。すぐに実践できる方法なので、ぜひ試してみることをおすすめする。

実際には買わなかったのに、「買ったつもり」になって、その分のお金を貯金する。これが、つもり貯金の方法だ。1回1回の金額は小さいことが多いが、続けていくと、それなりの大きな貯金になる。

例えば、こういった「つもり」はどうだろう。カフェでコーヒーを飲んだ「つもり」で、その分を貯金する。人気店のランチメニューを味わった「つもり」で、その料金分を貯金に回す。日常生活のさまざまなシーンで実行できそうだ。

ただし、飲食に関する「つもり」の場合、実際には口にしないで我慢をすることになる。このため、「食べたい」「飲みたい」という欲求が解消されず、続けるのが嫌になってしまうことも考えられる。

こういった感情に陥らないためには、差額を貯金に回すという手がある。専門店でコーヒーを飲む代わりに、お気に入りの缶コーヒーで済ます。人気店のランチではなく、キッチンカーでワンコインの弁当を食べる。スイーツ店ではなくコンビニでスイーツを買う、といった具合。こうすれば、ストレスを抑えめにすることができる。

ほかに、「つもり」のバリエーションとして、スーパーで半額になった総菜、あるいはセール品になった服を買い、実際に浮いた金額を貯金に回すという手もある。また、最寄り駅のひとつ手前の駅で降りて歩き、ひと駅分の乗車賃を貯めれば、健康にも良くて一石二鳥だ。

つもり貯金はすぐには大きくならず、ゆっくり貯まっていく。続けるのが面倒にならないために、すぐに達成できそうな目標を決めておこう。「あの店で外食」といった小さな目標でかまわない。達成するたびに新たな目標を設定すると、意欲を高めることができる。つもり貯金が生活の一部になったら、「夏休みに旅行」「新機種のパソコン購入」など、もっとお金が必要となる目標を立てるのもいいだろう。

1万歩は1万円、5千歩なら5千円。歩いた分だけ貯める「歩数貯金」は健康にも良い

ひと昔前なら、歩数を計るには万歩計が必要だったが、いまはスマホを持ち歩けばアプリが教えてくれる。その歩数をチェックし、歩いた分だけ貯金するのを習慣にしてみてはどうか。名付けて「歩数貯金」だ。

1歩を1円で換算し、5千歩の日には5千円、1万歩を達成した日には1万円を貯金する。ただし、毎日行っていたら、あっという間に数万円になってしまう。休日の散歩やウォーキングなどに限定するのがいいだろう。

あるいは目標の歩数を設定し、クリアした場合は千円を貯金する、といったやり方も考えられる。

歩数貯金を習慣にすれば、日ごろ運動不足の人でも、歩くことに対する意識が高まっていくはず。健康効果も得られるので、ぜひ試してみよう。

副業をはじめるのなら、その収入はすべて貯金に回す

２０１７年に政府が発表した「働き方改革実行計画」で触れられ、一気にズームアップされた副業。コロナ禍もあって、十分な給与を支給できない企業が増えるなか、本業とは別のアルバイトや在宅ワークが注目されている。

現状の収入に満足できないのなら、こうした副業を真剣に考えるのもいいだろう。ただし、このとき頭に入れておきたいのが、副業で手にしたお金の使い方だ。お金を貯めたいのなら、収入が上がっても生活レベルを上げてはいけないと、この章で紹介した。まさに副業の収入がこれに当たる。

現状、本業の収入だけで何とかやり繰りできているのであれば、副業の収入はできるだけ生活費に回さないようにしよう。これで毎月、着実にお金が貯まっていく。ベストなのは、そっくりそのまま残して貯めていくことだ。

毎日、手帳に支出を記録するだけで、つまらない無駄づかいが減っていく

家計の管理をするツールといえば、誰もが思い浮かべるのは家計簿。収入と支出を〝見える化〟するには最適だが、毎日つけるのはかなり面倒臭い。いざはじめても挫折する人が多く、ずぼらなタイプにはまず無理だろう。いまは手軽な家計簿アプリもあるが、いちいちスマホを操作するのが苦手な人もいる。

そこで、おすすめしたいのがメモ帳を活用することだ。特別なものは必要なく、自分が気に入った一般的な手帳でかまわない。

家計簿とは違って、手帳は細かく支出項目が分類されているわけではない。しかし、1日ごとに枠で区切られているのなら十分だ。

記録するのはその日のすべての支出で、時間・場所・支出内容・金額を枠の中に記していく。例えば、「12：10コンビニ弁当580円」「19：20スーパー食品と酒325

0円」「14：30散髪3800円」といった具合だ。

スケジュール欄に時間の目盛りがある場合、時間は書きこまなくてもかまわない。どのような手帳を使う場合でも、書き忘れのないように、お金を使ったらすぐに書くことを習慣づけるようにしよう。

記録する理由のひとつは、お金をどれほど使っているのか、手を使って書きながら目で読むことで、脳が強く実感できるからだ。このメモ書きを習慣にすると、以前よりもお金の使い方に敏感になることが期待できる。

続けるうちに、自分がお金をどのように使っているのか、およその傾向もわかってくる。「コンビニで無駄なものをこんなに買っている」「薄々気づいていたが、これではお酒の飲み過ぎだ」「どうも、休みの前日の晩に浪費をする傾向があるようだ」といった、これまで認識していなかった自分の行動が明らかになる。

こうして自分のお金の使い方がわかれば、支出を抑えるための対策が浮かび上がってくるはず。その結果、つまらない無駄づかいをしなくなり、お金が貯まっていくというわけだ。

高い買い物は、金銭感覚を麻痺させる！“ついで買い”しないように要注意！

マイホームを購入するとき、金銭感覚がおかしくなってしまう人がいる。

何千万円という、おそらく人生で最も高い買い物をして、今後、何十年もかけて住宅ローンを返済していく。ここまでは想定内で、覚悟もできているだろう。問題なのは、ほかにも必要なものがたくさん出てくることだ。

リビングには立派なソファを置きたい。キッチンには最新のＩＨ調理器や食器乾燥機が欲しい。大きなダイニングテーブルも必要だ。天井にはおしゃれな照明器具を吊るしたいし、間接照明も欲しい。エアコンは全部の部屋につけたい。窓にはレースと厚手のカーテンを……。

こうして夢が膨らみ、予算はどんどん増えていく。しかし、ものすごい大金をかけて家を建てるものだから、気持ちが大きくなっており、おまけのように発生する数万円、数十万円の出費はたいしたことがないと錯覚してしまうのだ。

家を建てたり、マンションを買ったりするとき、この金銭感覚の麻痺には十分注意しなければならない。本来なら必要ないものまで買って、ふと気がついたら、大きなお金が飛ぶ羽目になりかねない。

こうした錯覚は、家やマンションまでいかなくても、普段の高額な買い物のときにも十分起こり得る。例えば、新しく車を買おうと決めた。これも5年、10年に一度ほどの大きな買い物だ。そのとき、ディーラーからオプションを提案され、ハンドルとシートを特注のものに変更した。これで5万円ずつプラス。けれども新車を買うお金に比べたら、どうってことはない……。

あるいはボーナスが入ったので、10万円のスーツを新調することにした。ついでにネクタイも購入。普段は2千円程度のものしか買わないのに、何だかすごく立派なビジネスマンになった気分になって、1万円のネクタイを買った……。

こうしてあとで後悔しないように、高額の買い物をするときは、金銭感覚が麻痺していないか、自分に何度も問いかけてみよう。

その金額って本当に安い？「半額」値札のついた罠にはまるな！

服や財布、バッグなどにつけられている「半額」の値札。とても魅力的な響きがあり、「これなら買い！」だとすぐに手に取る人もいるだろう。しかし、その半額になった商品は本当にお買い得なのか。

例えば、「2万円」の上に二重線が引かれ、半額の「1万円」と書かれた値札の服。買うと1万円も得した気分になりそうだが、ちょっと立ち止まって考えてみよう。その服に元々、「1万円」の値札がついていても買うのだろうか。それなら買わない、と思うケースが多いのではないか。

人は最初に与えられた情報（ここでは2万円）が基準となり、その後に提示された情報（1万円）に対する判断が左右されてしまう。これを心理学用語で「アンカリング効果」という。こうした商品には飛びつかないように注意しよう。

「欲しい？」「すごく欲しい？」「本当に欲しい？」3回、自分に問いかけてみる

店で見たときは「欲しい」と思って買ってはみたものの、実際にはほとんど使っていない生活用品や、クローゼットに仕舞ったままの服などが家にたくさん眠っているのではないだろうか。

こうした無駄な買い物をなくすため、「欲しい」という気持ちがどれほどのものなのか、実際に買う前に確かめてみるといい。

商品を見て、「欲しい」と思うだけではカゴに入れてはいけない。それで買い物をしていたら、お金が貯まっていくわけはない。その商品を改めて見て、「すごく欲しいのか？」と自分に問いかけてみよう。イエスと思っても、まだ買うのは早い。再度、「本当に欲しいのか？」としつこく問いかけて、それでも心から欲しいと思った場合に購入する。このルールを徹底すると、無駄な買い物は随分減るはずだ。

まず年間の予算を立てる。これが旅行でお金を使い過ぎないコツ

目的に向かって貯蓄するのは素晴らしいことだが、ほかに楽しみがないのでは息が詰まる。頑張って働こうという意欲も湧かないだろう。ときには旅行やレジャーを満喫したいものだ。

だからといって、無計画に出かけていてはお金を貯めることはできない。総務省の家計調査によると、年間で旅行やレジャーに使う目安は年収の4〜5%が平均値。これを目安に、例えば年収500万円の人なら年間20万円から25万円を予算に決めて、その範囲内で楽しむことをおすすめする。

GWの出費を抑えられたら夏休みは遠出をしよう、逆にGWに遊び過ぎたら夏休みは近場の旅行先を探そう、といったように年間予算内でバランスを取ればいい。この方法なら、際限なくお金が出ていかないので、蓄えにしっかり回すことができる。

休日はショッピングやテーマパークよりも、お金をかけずにアウトドア体験を

休日は外出したいけど、どこに行っても、お金がかかってしまうのが悩みの種。こうした人におすすめしたいのが、アウトドアでの体験を楽しむことだ。

とはいえ、キャンプ用品を揃えていくと、かなりのお金がかかる。そこで、低山の日帰り登山などはどうだろう。本格的な装備は必要なく、登山靴とデイパック（リュックサック）があればそれでいい。自然の中を歩くのは気分爽快で、低山でも意外に眺望が期待できるかもしれない。

堤防や海浜公園での釣りもおすすめ。竿はリールや仕掛けが一式付いているファミリーセットで十分だ。うまくいけば、晩のおかずを調達できるかもしれない。

お金をそれほどかけずに、体験そのものを楽しめるのがアウトドアの良いところ。トライしやすいことからはじめてみてはどうだろう。

夫婦の全収入を「共通財布」に入れて、お金を〝見える化〟するとどんどん貯まる！

結婚後も夫婦がそれぞれ働く「ダブルインカム」の場合、２人が得たお金をどう管理するのかを決めなければいけない。さまざまな方法があるなか、どのようにすれば最もお金が貯まるのだろうか。

結論からいえば、お互いの財布（口座）をまとめ、ひとつにするのがいちばんお金が貯まりやすい。

こうすると、入ってくるお金も、出ていくお金もすべてわかる。世帯の全部のお金が完全に〝見える化〟されるので、毎月どれほどの支出があるのか、残るお金はどれくらいなのか、夫婦で共有することができる。収入と支出を照らし合わせたうえで、毎月、貯蓄に回していく金額を決めるといいだろう。

ただし、このスタイルを採用した場合、夫婦ともにこづかい制になり、お金を自由に使えなくなってしまう。そこで、ベストではないが、ベターのやり方として、夫婦で財布を別々に持っておきながら、新たに共通財布を作る管理方法もある。

夫婦の収入から、それぞれ例えば6割のお金を共通財布に入れて、そこから生活費をねん出し、貯蓄にも回すという方法だ。これなら、共通する部分は〝見える化〟され、それぞれ残ったお金が自由に使える分となる。

いずれのスタイルでお金を貯めていくのか、お互いに不満を持たないよう、よく話し合って決めるようにしよう。

Part 5

貯まる人はやっている節約の習慣、集めました。

お金を貯めるには、
日々の暮らしや買い物で
上手に節約をするのが大事。
今日から使えるコツを
たくさん紹介しよう。

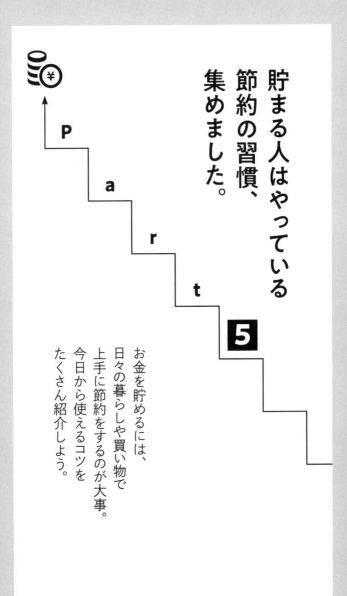

カーテンは厚手の断熱タイプに変更。窓から外気が出入りしにくく、節電に効果あり！

部屋の温度は外気に影響を受ける。なかでも熱がよく出入りするのが窓。夏には家に入ってくる熱気の71％、冬には家から出ていく暖気の48％が窓を経由するという試算もある。ということは、窓から熱が出入りするのを抑えたら、部屋の温度は極端に上がったり下がったりしにくい。その分、冷暖房費が抑えられるというわけだ。

そこで、カーテンを断熱効果の高いものに替えてみてはどうだろう。厚手のカーテンの一種で、断熱遮光カーテンや断熱カーテンという名で販売されている。

断熱遮光カーテンは熱も光も通さないタイプで、断熱効果が非常に高く、節電に相当な効果がある。閉めると部屋が暗くなるので、寝室の窓に使うのがいいだろう。一方、遮光効果のない断熱カーテンは、閉めても部屋が暗くならないのがメリット。断熱遮光タイプほどではないが、こちらも断熱効果が期待できる。

シャワーの水道代と光熱費を抑えるには、節水シャワーヘッドに取り換えるだけでいい

一般的な使い方をすると、シャワーから出るお湯の量は1分間9リットルほどとされている。1回に10分使うとすれば、その間流れる湯量は約90リットル。水道代とガス代を合わせると、年間2万円弱ほどのお金がかかる。これは1人分で、家族の数に比例して、出て行くお金がどんどん増えていく。

シャワーを使うたびに失うお金。この出費を節約するには、シャワーヘッドを節水タイプに取り換えるだけでいい。水が出る穴を小さくしたり、数を減らしたりしたものので、水圧が高まる分、水量が少なくてもしっかり洗い流せる。

節水シャワーヘッドに取り換えると、お湯の量を7割から5割程度にまで減らすことができる。取り換えは自分でも簡単にできるので、この週末にでも実行してはどうだろう。

そのサブスク、本当に必要？あまり利用していないなら、すぐ解約を

料金を支払うと、動画や音楽を一定期間楽しめるサブスクリプションサービス、略して「サブスク」の利用者は年々増えている。1か月500円や1000円程度の低価格のものが多いので、複数契約している家庭も多いだろう。

しかし、契約しているそれらのサブスク、本当によく利用しているのだろうか。なかにはほとんど見ない動画サブスクや、聴かない音楽サブスクもあるのでは？　利用していなくても、固定費としてのお金は毎月出ていく。1か月たかが500円でも、1年間では6000円だ。ほかに1か月1000円のサブスクもほぼ未利用なら、合わせて年間1万8000円も無駄に出費していることになる。

いらないサブスクはすぐ解約するのが得策。家族でバラバラに契約している場合も、本当に必要なのか見直してみよう。

タイヤの空気圧が低いと燃費が悪化！月1回の点検で、無駄な出費を抑えられる

日常的に車を運転している人なら、タイヤに「空気圧」というものがあり、適正な状態を保たなければいけないことは知っている。

けれども、いま自分の車の空気圧がどの程度か、すぐに答えられる人はあまりいないだろう。それどころか、この前、いつ空気圧を点検したのかと聞かれても、首をかしげる人のほうが多いのではないか。

車のメカニックに興味がなくても、空気圧は気にかけていたほうがいい。もしかしたら、ガソリン代を年間、数万円も得するかもしれないからだ。

一般財団法人省エネルギーセンターが排気量2000ccのセダンで行った実験を紹介しよう。タイヤの空気圧を適正値から50キロパスカル下げて走行したところ、燃費が市街地（平均時速15㎞）では2・5％、郊外（平均時速38㎞）では4・3％、高速

道路（平均時速78㎞）では4・8％悪化した。

これをガソリン1リットル150円で計算すると、4円から7円高いガソリンを給油するのと同じだという。これほど違うのなら、空気圧を気にしない手はない。

空気圧は通常、ガソリンスタンドで無料で点検してもらえる。セルフスタイルの店の場合、自分で自由に点検できるところが多いようだ。乗っている車のタイヤの空気圧の推奨適正値は、ドアを開けたところに貼られているシールに表記されている。その数値に合わせて、月に1回は点検しよう。

空気圧が下がると燃費が悪くなるのは、タイヤがやや押しつぶされて地面との接地面積が広くなり、走行時の抵抗が増えるからだ。これに対して、じつは空気圧が適正値よりも高い場合、走行時の抵抗が減るので燃費がやや良くなる。しかし、走行時にややゴツゴツした固い感触を受け、乗り心地が悪くなってしまう。

なお、空気圧が低過ぎると、ハンドルが取られ気味になったり、タイヤが損傷しやすくなったりする。さらに怖いのはバーストといって、タイヤが破裂する危険性も高まることだ。タイヤの状態は常日頃からチェックしておくようにしよう。

絶対お得そうなビールのケース買い。コンビニ利用のほうが安く上がるわけは？

お酒好きが毎晩のように飲むビール。近所のスーパーやコンビニでも買えるが、お得感があるのは大型酒類専門店や通販サイトだ。コンビニの売値と比べると、ケース入りなら1本あたり20〜30円安い場合もある。

単価で見ればケース買いが最安値だが、トータルの支出でいうと必ずしもそうではない。冷蔵庫にたくさん保管していると、ビール好きの人なら、つい「もう1本」と手が出てしまうからだ。本来お得なケース買いが支出減にはつながらず、飲み過ぎて体調を崩すことにもなりかねない。

お酒に関しては自制心が弱い……と自認している人は、最も単価が高めのコンビニで1本ずつ買うのがおすすめだ。何本も買えば損をすると思うので、買い控えにつながり、意外とこちらのやり方のほうが節約になる。

便利なカートは店が仕掛けた罠⁉
たくさん買えないカゴの手持ちが正解

スーパーの入り口にはカートが置いてある。カゴを持たないので両手が使え、買い物がとても楽。そしてその分、つい買い過ぎて、出費が多くなりがちだ。

じつは、スーパーにカートが置かれているのは、たくさん買わせようという店の戦略でもある。日々の買い物で節約したいのなら、便利なカートは使わないで、カゴを手に持つようにしよう。売り場を巡っていると、カゴが次第に重くなっていく。その重さが買い過ぎを教えてくれ、無駄な買い物を避けられるからだ。

買い物を控えるアイデアとして、やや遠くの店に行く場合、車ではなくママチャリを使うという手もある。前のカゴに入る程度の量の買い物しかできないので、買い過ぎを防ぐことができるという考え方だ。運動不足の解消にもつながる良い習慣として、ぜひ取り入れてみよう。

急な雨の日は、スーパーの買い物日和。売れ残りを恐れて、どんどん値引きされる！

晴れた日は出歩きたいし、雨の日は家の中で過ごしたい。人の行動は天候によって、大きく左右される。日々の買い物も同じで、天気の悪い日は取りやめにして、冷蔵庫にあるものなどで夕食を作ることも多いだろう。

これは上手なやり繰りのようだが、お金の面で考えると、じつはそうでもない。雨が降る日は買い物日和ともいえるのだ。店側としても、雨の日は客足が鈍るのがわかっている。手をこまねいていると、雨が降るたびに売り上げが減ってしまう。普段よりも少ない客に、たくさんのものを買ってもらわなくてはならない。

なかでも店が売りたいと思うのは、作ったその日に消費期限の切れる総菜類だ。これらは翌日に持ち越して売ることはできない。肉や魚などの生鮮品も早く売りたい商品で、鮮度の落ちないうちにさばけないと売れ残ってしまう。

そこで店側は雨の日、客から見てとても魅力的な対策を取る。「半額」「2割引き」「3割引き」のシールを景気良く貼りまくるのだ。これはもう、天気が悪くても買い物に行く価値が十分あるだろう。通常、夕方を過ぎてからこうした値引きは行われる。しかし、雨の日の場合、客足と商品の残り具合を照らし合わせ、店長の判断によって、普段よりも早く見切って値引きがはじまるケースが多い。

このため、いつも夕食の時間が遅く、遅めに買い物に出かけている人は注意が必要だ。雨の中をせっかく出かけたものの、目当てのものがとっくに値引きされて売り切れていた、ということもあり得る。天気の悪い日は早めの買い物を心がけよう。

雨の日はお買い得とはいっても、前日から天気がぐずつき気味なら、店も客足が落ちるのを見越して、総菜を作る量や生鮮品の仕入れ量を調整することがある。こうした場合は、値引きもそれほど景気良く行われない。

一方、天気予報が外れて悪天候になったり、朝は晴れていたのに午後になって急に天気が崩れたりした場合、売れ残る可能性が高くなるので、値引きが盛大に行われる。こうした天候の日は、より狙い目だ。

「ポイント10％還元」よりも、「10％オフ」のほうがお得！

百貨店や家電量販店、ネット通販のサイトなどで、「10％オフ！」「ポイント10％還元！」といった売り文句をよく見かける。これらはよく似ているが、同じサービスではない。「10％オフ」とは文字通りの意味で、1万円の商品なら、その10％の1000円が値引きされて9000円になる。

「ポイント10％還元」の場合、1万円の商品を買うと、1000円分のポイント還元を受けられる。ややこしいが、1万円で1万1000円の商品を買うのと同じだ。割引率を計算すると、「1000円÷1万1000円＝約9・1％」ということになる。

つまり、「10％ポイント還元」よりも、「10％オフ」のほうがお得なのだ。加えて消費税についても、「10％オフ」のほうが得をする。両方ある場合、どちらを選ぶのかは明白だ。

30分程度の外出なら、エアコンはつけっ放しがお得！

エアコンは起動して指定の室温まで下げるとき、大きな電力を消費する。一方、同じ室温をキープする際には、それほど電力は使わない。この特徴から、暑い夏に外出する際、つけっ放しにしたほうが省エネになるのではないか、という説がある。これは本当なのだろうか。

大手空調メーカーのダイキンの実験によると、暑い日中に外出しても35分以内に戻るのなら、エアコンをつけっ放しにしたほうが電気代が安くなると判明した。ちょっとコンビニに行く程度なら、いちいち消すほうが電気代がかかるというわけだ。

一方、涼しくなる夕方6時以降には、つけっ放しがお得なのは18分以内とほぼ半減。コンビニに行くだけでもぎりぎりで、スーパーで買い物をすると時間オーバーになりそうだ。こうした場合は、消して出かけたほうが節電になる。

こまめにコードを抜く？ 抜かない？ 炊飯器の節約だけは逆だった

こまめに電源を切ったり、コードを抜いたりするのが節電のコツ。しかし、家電のなかでも炊飯器は例外だ。

いまどきの炊飯器には、タイマー予約などのために時計機能が内蔵されている。この機能は通常、コードでつながるコンセントから送られてくる電力を電源にして動く。ところが、今日はもう使わないからと、炊飯器のコードを抜くと、内蔵されたリチウム電池の電力に切り替わる。

コードを抜きっぱなしにすると、リチウム電池はだいたい4〜5年で寿命を迎える。問題なのは、リチウム電池は自分で取り替えることができないことだ。メーカーに修理を依頼する必要があり、無駄な5000円から8000円程度の修理代がかかってしまう。誤った節電の仕方をしないようにしよう。

じつは損してるかも⁉ ティッシュペーパーをお得に購入する方法

常に節約を心がけている人は、生活必需品のティッシュペーパーを買う際も、いろいろある商品の値段を見比べていることだろう。こうしたとき、値段を最優先すると損する場合もあるのを知っているだろうか。

じつは、1箱に入っているティッシュペーパーの枚数は商品ごとにかなり違う。ある商品は「300枚150組」なのに、別のものは「360枚180組」、あるいは「400枚200組」などになっている。枚数が違うのに1箱の値段だけで判断し、一番安いものを買っても意味がないのだ。

値段こそ最安値だが、箱の中に入っている量が少なく、実際には割高の商品だったということも十分あり得る。単価の安いものを選びたいのなら、スマホの電卓機能などを使って、1枚（1組）いくらなのかを計算してから買うのがいいだろう。

トイレットペーパーのシングルとダブル、経済的にはシングルの圧勝！

トイレットペーパーにはシングルロールとダブルロールの2タイプがある。拭き心地や安心感などは考慮しないで、お金の面だけで考えた場合、どちらを選ぶほうがお得なのだろうか。

全国家庭用薄葉紙工業組合連合会がシングル、ダブル両タイプのトイレットペーパの1回の使用量を調査したところ、シングルが大便時177cmで、ダブルは146cmという結果になった。

ロールの長さそのものは、一般的にシングルが約60mで、ダブルはその半分の約30m。ダブルの使用量がシングルの半分になれば、同じペースで紙が減っていくのだが、実際には全然そうなっていない。ダブルのほうがずっと早く紙が減っていくわけだ。節約したいのなら、考えるまでもなくシングルに軍配が上がる。

食品が庫内にギューギュー詰め。冷蔵庫は×、冷凍庫は○

資源エネルギー庁の調査によると、家電のなかで最も消費電力の大きいものが冷蔵庫。家庭が払う電気代の14・2%も占めている。できるだけ節電を心がけて、出ていくお金を減らしたいものだ。

冷蔵庫の節電方法として、ものを詰め込まないのが大事というのはよく知られている。庫内が食品でいっぱいになっていると、冷気の通りが悪くなるからだ。多くても容量の7割程度に抑えるのが肝心だ。ものが大量に入っていて、それらのすべてを把握していない場合は、きちんと整理していらないものを捨てるようにしよう。

一方、冷凍庫も詰め込まないのが節電になる、と思っている人もいるだろうが、じつはまったく逆。こちらは食品をいっぱい詰め込んでおくのが正解だ。凍った食品どうしが互いに冷やし合い、冷凍効率が高まって電気代が安くなる。

お湯を大量に沸かすときも、少ししか沸かさなくても大きな鍋を使う

スパゲティをゆでるときなど、大量のお湯を沸かすときには大きな鍋を使う。一方、スープ1杯分程度のお湯が欲しい場合は、小さな鍋で十分だ。

このようにお湯の量によって、鍋を使い分けしている人もいるだろうが、ガス代の節約という意味では間違っている。少量のお湯が欲しい場合でも、大きな鍋で沸かしたほうがいい。火に接する鍋底が広いほうが、鍋に入れた水は効率良く温度が上昇していくからだ。

例えば、鍋底が直径24㎝の鍋でお湯を沸かした場合、直径16㎝の鍋底の鍋で沸かすよりも大分早く沸騰させられる。ガス代で比較すると、約3分の2の料金で済むというから試さない手はない。これはＩＨクッキングヒーターでも同じで、電気代を節約することができる。

Part 6

収入を左右する仕事の習慣、集めました。

出費を削るだけでは
なかなかお金は貯まらない。
「あいつはできる」と
仕事で認められ、
どんどん稼げるようになろう。

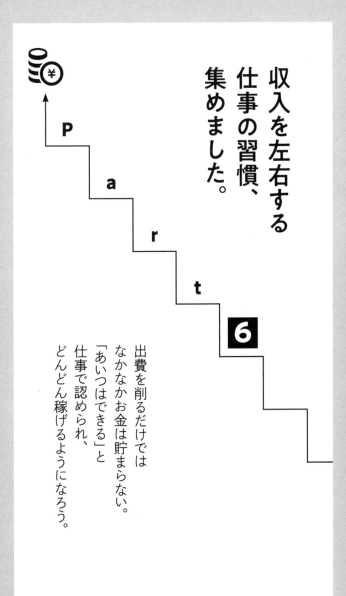

オンとオフの区別がなく、ワークとライフが一体なのがお金持ち

最近、仕事と生活のバランスを取る「ワーク・ライフ・バランス」が重視されている。特に若い世代が優先し、仕事とプライベートをはっきり分けたいという傾向が強くなってきた。

もちろん、いまの時代、ワーク・ライフ・バランスは重要だ。しかし、お金をたくさん貯めるという観点から見ると、異なる見方も出てくる。じつは、お金持ちにはワークとライフが一体化している人が多いといわれているからだ。

給料をもらって働く人の多くは、1日が終わって職場を出ると、もう仕事のことは考えようとしない。オンからオフに切り替えて、残った時間は自分の楽しみだけに使おうとする。

これに対して、お金持ちは1日の仕事を終えて、自宅に向かって帰宅しているとき

でも仕事のことを忘れない。

とはいっても、始終、いまの業務や明日からの予定について、頭の中で考えているわけではない。情報を得るためのアンテナを下ろさないのだ。

例えば、街を歩いているとき、ある店が繁盛しているのを見ると、その理由を考察してみる。

立地がいいのだろうか、ターゲットにしているのはどういった客層か、提供する商品が時流に合っているのか。こうした疑問が次々浮かび、それに対する答えを考えようとする。

情報の宝庫といえる書店にもよく立ち寄る。いま売れている本は何か、なぜ売れているのか、その背景には何があるのか、どのような読者層なのか。書店内を歩きながら分析をする。

オフタイムのときでも、常にアンテナを立てておき、仕事に役立つヒントはないかと探す。大きなお金を稼ぎ、貯めたいのなら、こうしたお金持ちの習慣を参考にしてみてはどうだろう。

年間80時間も無駄に探し物…机を整理整頓しないと出世できない

職場に並べられている机。きれいに整理整頓されているものもあれば、書類や封筒などが積み重ねられた乱雑な机もあるだろう。

周りから仕事ができる人だと認められ、実際に出世の階段を駆け上がっていくのは、前者の机の持ち主だ。

しかも、こういった人は自己管理能力が高いので、お金を管理するのも得意。当然、お金を貯めるのも上手ということになる。

これに対して、机の上がいつもごちゃごちゃしている人は、職場では仕事ができない人だと思われている可能性が高い。

評価が低いので昇進するのが遅く、給料はなかなか上がらない。加えて、机の上の状態から推察できるように、いろいろなことを管理することが下手。お金の管理も苦手なので、全然貯めることができない。

こうしたことは、何となくのイメージではない。実際、机の上が乱雑な人の仕事は効率が悪いのだ。

文具メーカーのコクヨが、週に書類を5日以上探す行為をしている1000人以上を調査した結果、1日の中で書類を探す時間は約20分もあることがわかった。年間240日間働いた場合、約80時間も無駄に費やしていることになる。

単純に時給で換算しても、きちんと整理整頓できる人のほうが高い給料をもらわないとおかしいわけだ。

机の上が乱雑な人は、明日にもしっかり整理し、どこに何があるのかひと目でわかるようにしよう。だが、職場の机だけをきれいにしてもだめ。こういった人は、自宅のテーブルの上も片付いていないに違いない。

整理整頓を習慣にするには、意識を変革することが必要だ。職場の机を片付けても、自宅のテーブルは乱雑なままだと、自己管理能力は一向に高まらない。家でも職場でも、同じように意識付けするようにしよう。

ランチメニューはいつも即決。この訓練で仕事上の決断が早くなる

ランチのメニュー表を見て、日替わりにしようか、それともAランチがいいか、いや唐揚げ定食も捨てがたい。酢豚もいいなあ、うーんどうしよう……。こうして1分以上も考える人がいる。

これに対して、メニュー表を見るなり、何を注文するのかあっという間に決める人もいるだろう。なかにはメニュー表を手に取るまでもなく、食べるものを決めている人さえいる。

決断の早い人と遅い人。どちらが仕事ができて出世できるのかというと、考えるまでもなく即断即決できる人だ。

何かに迷っているあいだ、流れているのは無駄な時間。ランチを決めるのに1分かける人の場合、1週間では5分、1か月ではトータル20分の時間を捨ててしまうこと

になってしまう。

たかがランチでこれほど迷うのだから、仕事の重大な局面ではどうなるか。二択、三択を迫られた場合、いつまでたっても決断できないかもしれない。こうした人に重要な仕事を任せることはできないだろう。

決断の早い人の多くは、何も気が短いわけではない。あまり考えずに、何となくイメージで決めている人も少ないはずだ。

早く物事を決められるのは、普段から、優先順位をもとに決断することが身についているからだ。この案件で最優先されるべきなのは価格、次にデザイン、三番目に話題性といった具合。こうした訓練をしているから、さまざまなことを決断するのに迷わない。

決断を求められるのは、もちろん仕事だけではない。ランチメニューを決めるときもそうだし、服や日用品、夕食の食材を買うのにも決断することが必要だ。つまり、物事を早く決めるための訓練の場はそこら中にある。「あの人は決断が早い」と噂になることを目指し、ひとつひとつの優先順位を考えて決断していこう。

常に完璧を目指すのはNG！上手に手抜きする人のほうが出世する

完璧主義でいつも全力投球する人は、仕事で大いに成功しそうに思えるかもしれない。しかし、それなりの年数を経た者なら、ちょっと考えものだ。

誰も見ないような小さなことも気に留め、あれもこれも完璧に仕上げようとしていたら、仕事の進行は当然遅くなる。スピード感がないので、ライバルに出し抜かれてしまうこともあるに違いない。目標を高く設定しているのだろうが、自己満足に近いやり方といえる。

目指すのは完璧ではなく8割程度でいい。常に全力投球はしないで、流せるところは流す意識を持ち、部分的にちょっと手を抜く。こういった人のほうが仕事が早く、周りからの評価も高くなる。ある程度の経験がある中堅以上の人なら、上手な手抜きを覚えるのが得策だ。

経験が浅い人なら手抜きは厳禁！全力を尽くしてチャンスをつかむ

仕事に全力投球はしないほうがいい。この意外な仕事のコツには、例外がある。経験の浅い若い人が何かを頼まれた場合だ。

若い人が上司や先輩に「あれ調べといて」「素案でいいから企画を考えて」などと言われたとき、ちょっとでも手抜きをしたら大変なことになる。あいつにはもう仕事を回さない、と思われてしまうかもしれない。

経験が浅いうちは、頼まれたことには全力で取り組むべきだ。完璧ではなく、超完璧な仕事。100点満点ではなく、120点、150点を目指す。許される時間のなかで、最大限の成果を上げないといけない。

こうした姿勢を見せることにより、あいつは見込みがあると評価され、やがて大きなチャンスも巡ってくる。この習慣が将来、大きなお金を運んでくれるはずだ。

話を聞きながらメモを取ると、印象がぐんぐん良くなる！

仕事で成功する人の多くは、積極的にメモを取ることを習慣にしている。自分の考えを整理するのはもちろん、打ち合わせや商談などで誰かと話しているときも、メモ帳を開くことを忘れない。自分の好感度を高め、相手から信頼されやすくなるので、ぜひ習慣に取り入れてみよう。

メモ書きをするのは、相手が話をするなかで、ここは大事なところだなと思ったときだ。うなずいて、「そうなんですか」「知らなかったです」「それは重要ですね」などと相槌を打つと一層効果的だ。

自分の話を真剣に聞いてくれて、メモまで取ってくれる者に対して、好印象を抱かないわけはない。こちらも手書きをすると、重要なことが頭に入りやすいというメリットがある。打ち合わせや商談には必ずメモ帳とペンを持参しよう。

メールをするとき、相手の気分が良くなるような一文を加える

メールは仕事に欠かせない連絡手段だが、ただ要件を伝えるだけではもったいない。うまく使って相手の心を動かすと、互いの距離がぐっと縮まり、仕事がよりスムーズに進むこともある。職場での評価を高め、より良い給料をもらうには、「たかがメール」ではなく、「されどメール」という考え方をしたいものだ。

そこで、文面の最後にひと工夫するのはどうか。「先日、おすすめいただいたお店、本当においしかったです！」「話題になったあの本、昨日購入しました。週末に読んでみます」といったように、手紙の追伸のような一文を添えるのだ。

「終わり良ければすべて良し」というのは本当で、人間は最後に伝わる情報から最も強い印象を受ける。温もりのある一文をプラスするだけで、相手はこちらに好印象を持ち、そのイメージが長く続く。試してみる価値が大いにあるアイデアだ。

名刺をもらったら、何でもいいからすぐほめる

初対面の人と出会ったとき、ビジネスシーンでは名刺を交換することからはじまる。ここで重要なのが、いかに強い印象を与えられるか。自分を売り込む場でもあるので、儀礼的に済ませないように努めよう。

相手に好印象をもってもらうには、とにかく、何でもいいからほめることだ。まずは名刺を見て、ほめるポイントを一瞬で探してみよう。「ロゴが御社のイメージに合っていますね」「すっきりした美しいデザインの名刺ですね」といった具合だ。名前を「素敵ですね」というようにほめるのもいいが、浮ついたお世辞っぽくなると逆効果になるので注意が必要だ。

「たかが」ではないのは、名刺交換もメールと同じ。相手の心をつかめれば、交渉や商談が有利に運ぶかもしれない。業績を上げるには、スタート地点が重要なのだ。

「パート収入の壁」にこだわるのは損！どんどん稼いで、いっぱい貯めよう

妻がパートで働いている場合、気になるのが各種の控除だろう。所得税を納めなくてはならなくなる「103万円の壁」、一定条件で社会保険料が発生する「106万円の壁」、所得税も社会保険料の負担も生じる「130万円の壁」、夫が配偶者控除を受けられなくなる「150万円の壁」。

配偶者が稼ぐ金額には、さまざまな「壁」がある。いったい、いくらまで稼ぐのが得なのか、どれほど稼いだら損になるのか。大いに気になるところだろう。

しかし、この問題について、ファイナンシャル・プランナーは声を揃える。控除や社会保険料のことなんか気にしないで、長時間働いて、しっかりお金を稼いだほうがいいと。

その理由はいくつもある。まず、働けば働くほど収入が増え、お金を貯めることも

できるからだ。いまだけではなく、じつは老後のお金も増える。収入が多ければ、将来、厚生年金の受給も大きくなるからだ。病気やケガで休む場合は傷病手当金も受けられるし、失業したら雇用保険を受けることも可能になる。

差し引かれるお金は多少発生するが、それよりもメリットのほうがはるかに大きい。「壁」のことは気にしないで、どんどん働くようにしよう。

Part 7

反面教師に…貯まらない人の習慣、集めました。

お金を貯めようと思っても、全然うまくいかない人には
それなりの理由がある。
ここで紹介する悪習慣を
絶対に真似しないように！

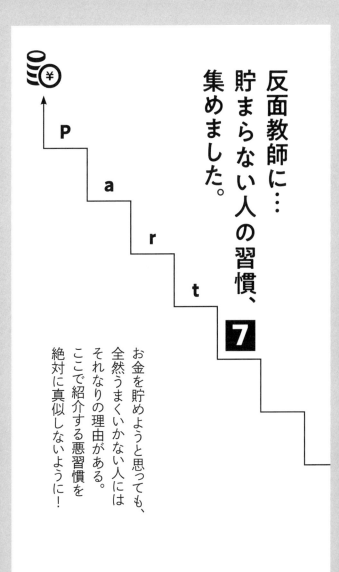

気づかぬうちに、お金が消えていく…貯められない人に多い「ラテマネー」の恐怖

しばらく旅行に行っておらず、外食は月1回程度で、大きな買い物もほとんどしない。特に贅沢はしていないのに、なぜかお金が貯まらない……。

貯蓄は増えず、月末にはお金が残っていないのだから、間違いなくお金は使っている。本人もよくわからない、謎の使途不明金が発生しているわけだ。こうした場合、「ラテマネー」が多いことが考えられる。

ラテマネーとはアメリカの資産コンサルタント、デヴィッド・バック氏が考案した言葉で、「1杯のラテ代」程度の少額の出費のことをいう。

例えば、自動販売機で買うコーヒーは代表的なラテマネー。コンビニでつい買ってしまうお菓子、スマホゲームのちょっとした課金、上手に使えば払う必要のないATM手数料などもそうだ。暮らし方や嗜好によって、さまざまなラテマネーがある。

それぞれは少額の出費でしかない。しかし、長い目で見れば、信じられない大きな無駄づかいになっていく。

缶コーヒーやコンビニのお菓子、酒のつまみなどで1日平均550円のラテマネーが発生しているとしよう。1週間では3850円、1か月では1万6500円、年間では約20万円も失っていることになる。

これらの出費がないだけで、格別頑張って貯蓄に励まなくても、5年間で100万円の蓄えができていたはずだ。日々、少しずつ出費しながら、これをそっくり失っていることになる。

とはいえ、ラテマネーのすべてが悪いわけではないことも知っておこう。職場で朝飲む1杯のコーヒーによって、今日も頑張ろうとスイッチが入るのなら、それは活きた出費になる。問題なのは、無駄な出費だ。

自分のラテマネーらしきものをリストに書き出し、ひとつひとつをチェック。本来必要でないものを洗い出して削り、浮いたお金を貯めてみよう。あるいは本の購入や資格取得に向けた資金など、自分への投資に使うのもいいだろう。

雨が降ったら、ビニール傘を買えばいい。その安易な気持ちが無駄づかいを呼ぶ

今日は夕方から雨が降る確率が60％。こういったとき、朝出かけるときに傘を持たない人は、お金を貯めるのは難しいかもしれない。

傘を持たないで外出するのは、雨が降ってきたらビニール傘を買えばいい、と思っているからだろう。コンビニに行けば、ビニール傘は1本500円程度で手に入るので、たいしたことのない出費ではある。しかし、雨が降るたびに買っているのなら、小さな出費の積み重ね「ラテマネー」の典型といえる。

こういった人の家の傘立てには、1回しか使われたことのないビニール傘が何本もあるに違いない。出かけるときは晴れていても、雨が予想されるのなら、鞄に折りたたみ傘を入れておけば済むことだ。いちいちビニール傘を買うのは、お金の無駄づかいとしかいいようがない。

便利な食材まとめ買い。でも、料理が苦手なら傷んだり余らせたり…

毎日の料理に使う食材は、特売日などにまとめ買い。上手にやり繰りすれば、この方法で食費をある程度抑えることができる。

生活情報雑誌やウェブサイトでよくすすめられている方法だ。料理が上手で、食材の保存方法にくわしく、整理整頓も得意な人なら問題なくこなせるだろう。しかし、そうではない場合、食材をダメにして無駄なお金を使ってしまう可能性がある。

肉や魚をまとめ買いしても、そのままトレーごと冷凍庫に入れていたら、霜がついたりパサパサになったりして劣化してしまう。小分けにして保存しても、きちんと把握しておかないと、そのうち何を保存したのかわからなくなる。いまある食材で料理を作ることが多くなるので、メニューをアレンジする腕前も求められる。何事にも向き不向きがある。向いていない人は、まとめ買いはしないほうがいいだろう。

まとめ買いは楽しいイベント！
その気持ちでは余計に買い込むのも当たり前

まとめ買いそのものが大好きな人は、週末に郊外の大型量販店までわざわざ行って、大量の食品や調味料を買い込むことがある。

車や電車で時間をかけて行くのだから、これはもう一種のイベント。ファッション大好きな人がバーゲンセールに臨むように、「さあ、買うぞ！」と気合を入れて買い物をする。こうした買い方をすると、カートを押しながら店内を回るうちに、あれもこれもとカゴに入れていく。満足して会計すると、金額が5ケタということもあるだろう。最初から買う気満々なので、余計なものまで購入してしまうのだ。

蓄えが十分ある人が、週末のイベントとして楽しみたいのなら別にいいだろう。しかし、お金を貯めようとして、効率的にまとめ買いをしているつもりなら、これは大間違い。まとめ買いの際にも必要なものだけを買うようにしよう。

「お金がない」を連発する人は、どんどん貧乏になっていく

口を開くと、「お金がない」とぼやく人がいる。冗談のつもりで言っているのか、本当に金欠病になっているのかはわからないが、いずれにせよ、良くない口癖であるのは間違いない。こうしたことをたびたび口にしていると、ますますお金は遠ざかっていくばかりだ。

「お金がない」と肩を落とす人は、ネガティブな感情にとらわれている。そうした後ろ向きな言葉を口にすると、嫌な気持ちが一層大きくなっていくものだ。お金がない↓どうしよう↓困った↓苦しい……という負の連鎖が止まらなくなる。

たとえ本当にお金がなくても、ぼやいていてはいけない。お金がない↓どうすればいいのか↓もっと稼ごう↓頑張ろう！　いまはお金がなくても、こうした前向きな考え方によって、お金を貯められる人生に向かって歩むことができるのだ。

飲み会は絶対断らないのが自慢！ それだから、まったくお金が貯まらない

仕事仲間とはノミュニケーションを取るのが大事。だから、飲みに誘われたら、絶対に断らない。いまどき、こうした昭和的なことを言う人は、夜の街にお金をどんどん奪われていく。

飲み会に参加するのはデメリットが多い。第一に、当然のことながら、相当な散財をしてしまう。

一次会で払う数千円の会費だけではない。最初の宴が終われば、次は二次会に流れて行くのは飲み会の常だ。その席でまたお金を払って飲み、やっと終了したらもう夜中。都会暮らしで終電を過ぎていれば、タクシー代が飛んでいく。あるいは地方在住なら、飲み会のたびにタクシー代や運転代行代が別途必要だ。

飲み会のデメリットはまだあり、時間を奪われてしまうことも大きい。10日に1回

程度、午後7時から12時まで飲み会に参加していると、ひと月で15時間も費やしていることになる。

その時間を自分のために使うと、どれほど有効活用できるだろうか。家族がいるなら団らんの時間を持てる。本も数冊は読めるだろう。資格取得に向けた勉強時間に充てることもできる。こう考えると、飲み会は本当に無駄だと思えるのではないか。

飲み会が多いと、食べ過ぎ飲み過ぎになって、寝不足にもなりがちと健康にも良くない。参加を見合わせるのが習慣になると、こうしたことがなくなるので、体調管理の面でも大きなメリットがある。

お金を貯めたいのなら、参加が義務に近い接待や忘年会などを除き、できるだけ飲み会に参加しないことが肝心だ。断り切れずに参加した場合は、途中で幹事に「今日は用事があるので、1次会だけで帰ります」と耳打ちしよう。

そして誘いを切り抜ける都度、参加したら出ていったはずのお金を貯金するのだ。多分、終電がなくなるまで飲んだから1万5000円、といった具合だ。こうして半年もたてば、自分でも驚くほどのお金が貯まることだろう。

ポイント欲しさに今日も買い物。それって本末転倒では？

買い物をして、ポイントが溜まっていくのは楽しいものだ。溜まったポイントを使うときは、たいした額ではなくても、何だかすごく得したような気分になる。そして、もっとポイントを溜めようと店に行く。こうしたごく普通の習慣も、度を過ぎたらお金が余分に出て行く原因になってしまう。

買い物の結果としてポイントが溜まるのは問題ない。良くないのは、ポイントが欲しくて買い物をすることだ。これはまったくの本末転倒。ポイント欲しさに、それほど欲しくないものまで買ってしまいがちになる。

なかには、コンビニでもらうポイントが欲しくて、足しげく通うケースもあるようだ。コンビニの商品はもともと割高なので、いくらポイントが溜まっても得はしない。ポイントに振り回されるのは店の思うツボ、と考えるようにしよう。

あと少し買ったら送料無料。でも、追加購入するのは無駄づかい！

インターネット通販を利用する場合、気になるのが送料。数百円程度とはいっても、リアル店舗を利用したら必要ないお金だから、もったいないと思うのは当然だ。

ただし、ネット通販には「○○円以上買うと送料無料」という魅力的なサービスがある。欲しい商品は4200円で、送料無料になる5000円には800円届かない。こうした場合、追加で何か買う人は少なくないだろう。これは大間違いの行動だ。

送料を無料にしたいがために、それほど欲しくはない商品を買うと、ほとんどの場合は損をする。送料は無駄なお金だから払いたくない、という気持ちはわかるが、それで本来は必要ではない出費を加えるのはどうだろう。

同じような仕組みとして、店舗の「○○円以上買うと駐車場料金無料」もある。これも同様に、無駄な買い物をしがちなので注意しよう。

残念！ ジャンクフードが大好きな人は、お金持ちには決してなれない

ハンガーガーやピザ、フライドポテトに代表されるファストフード。食事時間が短縮でき、値段も安いことから、週に2～3回食べる人も少なくないだろう。

あまり収入の高くない人が好むというイメージがあるが、実態もその通り。ファストフード店の近くに住む人の貯金額は低い、というカナダのトロント大学の研究結果が知られている。また、低所得者は炭水化物を多く取るという厚生労働省の調査もあり、これもファストフードを食べる習慣が影響しているのではないか。

ファストフードは安くておいしいが、その多くはジャンクフードそのものだ。高カロリー、高脂肪、高塩分という不健康因子が三拍子揃っており、栄養バランスが非常に悪い。仕事で成功を手にした人は、みな健康を大切にしている。お金持ちになりたければ、ファストフードはほどほどにしておく習慣をつけたいものだ。

初デートで「割り勘」を要求する男性は、将来のために投資できないタイプ

デートのお金は男性が全額払うべきか。これはインターネットなどでよく論争になるテーマだ。さまざまな意見があるだろうが、将来の利益を得られるかどうか、という観点から見ると、初デートで割り勘を持ちかける人には問題がある。

女性のなかには「初デートで割り勘なんてとんでもない」と思っている人たちがいる。少数派なのかもしれないが、実際に存在するのは事実だ。初デートでは相手がどういう考えなのかわからないから、割り勘を主張するのはやはりリスクがある。

それでも割り勘にしたいのは、男女平等などのいろいろな理由をつけても、実際には「お金を出したくない」というのが本心なのだろう。要するに、将来の利益（女性との交際）のために投資する（初デート代を全額払う）ことができないのだ。おそらく、その姿勢は仕事に対しても同じ。成功してお金を稼ぐのは難しそうだ。

ペットショップでひと目ぼれ！犬なら年間36万円、猫なら16万円が飛んでいく

一般社団法人ペットフード協会が実施した2022年の調査によると、全国で犬は705万3千頭、猫は883万7千頭が飼育されている。ペットは家族のようなもの。日々のふれあいは心を温かくしてくれる。

とはいえ、ペットショップでひと目ぼれし、「あのこが欲しい」とすぐに盛り上がる人は要注意だ。ペットを飼うのは思った以上にお金がかかる。毎日のペットフードに加えて、ワクチンや保険料、病院代、ケージ代、犬ならトリミング代など、さまざまな出費を覚悟しなければいけない。

ペット保険No.1のアニコム損害保険によると、1年間で犬は36万円、猫は16万円の費用が必要となる。お金を貯めたい！と強く思うのなら、ペットショップで運命の出会いらしきものを感じても、ぐっとこらえてケージの前から去るようにしよう。

「コスパが悪い」仕事は極力避ける。これでは職業人としての成長はない

最近、若者を中心に、コストパフォーマンス（費用対効果）をとても重視する人が増えてきた。普段の暮らしや仕事の中で、コスパをある程度気にするのはかまわない。しかし、コスパにとらわれるのは問題だ。そうした考え方と行動を続けていると、将来、お金を稼げない可能性があることを知っておこう。

コスパとは単に値段が安くて得をする、ということではない。値段と比較して、品質や性能、量の多さなど、得られる利益が大きいときに「コスパがいい」という。

さらにこの考え方が一歩進み、労力によって得られる対価を問題にすることも増えてきた。どちらかというと、良くない意味で使われる。例えば、「あの仕事、時間がかかる割に評価が低い。コスパが悪いよなあ」などという感じだ。

問題が大きいのは、仕事でよく使われる後者のコスパ。時間をかけて努力しても、

見返りが少ないことが予想されるとき、「あの仕事はコスパが悪い」と避ける理由にされるからだ。

仕事の中には、労力をかけても成果が上がりにくいものもある。立ち上がったばかりで、まだマニュアルなどはなく、試行錯誤しながら正解を求めていくプロジェクトや業務などがそうだ。

確かに効率は良くないかもしれない。しかし、試行錯誤を繰り返すのは決して無駄ではなく、これまでにない新しい道筋が見つかることも多い。

コスパの悪さを判断基準にして、一見、効率が良くなさそうな仕事を避けたり、本気で取り組まなかったりすると、こういった貴重な経験を積めない。現状維持が続いて、職業人として成長することができないのだ。

自分は要領良くやっているつもりかもしれないが、本当の意味での実力がつかないので、職場内の評価は高まらず、どんどん出世して大きく稼ぐことは難しい。

物事の判断基準はコスパだけではないことを理解する。これが仕事で成長していくために必要なことだ。

結婚はコスパが悪い？いや、2人でいるほうがお金で得する！

生涯未婚率（50歳時）は年ごとに増加。2022年6月に内閣府が発表した「少子化社会対策白書」によると、男性は28・3％、女性が17・8％にのぼった。いまや4～5人に1人程度は結婚しない時代になっている。

結婚しない理由について、内閣府の調査では「自分の時間を失いたくない」「異性とうまく付き合えない・恋愛が面倒」「適当な相手がいない」に続いて、「経済的な制約が増える」があげられている。

4つ目の理由を言い換えれば、「結婚するとお金の面で損をする」「結婚はコスパが悪い」と考えているわけだ。しかし、本当にそうだろうか。結婚しないと、逆に生涯にわたって相当な損をするともいえるのだ。

結婚すると、2人が一緒に住むことになる。この生活の変化で得られるメリットは非常に大きい。例えば広さが2倍の部屋に引っ越したとしても、家賃が2倍になることはなく、これだけで数万円の得になるかもしれない。

2人とも同じ部屋にいる時間が多く、風呂はお湯を一度溜めるだけなので、光熱費も倍増することはない。食費の面でのメリットもある。独身の場合、外食やテイクアウトが多くなりがちだが、結婚後は基本的に2人で食卓を囲むだろう。作る料理が1人分から2人分になっても、材料費は2倍ほどにはアップしない。

結婚すると税制上でも優遇され、妻の働き方によっては配偶者への控除が受けられる。職場によっては、家族手当などがプラス。厚生労働省の2020年の調査によると、家族手当、扶養手当、育児支援手当などの合計は月平均1万7600円もある。

高齢者になると、夫婦でいることのありがたみはさらに増す。総務省の家計調査によると、65歳以上の無職の単身世帯は毎月赤字なのに対し、夫婦世帯はわずかながら黒字をキープしている。

もちろん、結婚はお金の面だけでは語れない。しかし、独身のときよりもコスパが悪くなる、というのは正しくないのだ。

何が何でも、子どもの教育が最優先！それでは親の老後が破綻する

子どもにはできるだけ良い教育を受けさせたい。親なら誰しもこう思い、お金の面でも優先するだろう。当たり前のことではあるが、それでもやはり限度がある。あまりにも教育にお金をかけ過ぎたら、のちに破綻してしまうことになりかねない。

塾の費用、大学の入学金、授業料、1人暮らしをするなら家財道具代、毎月の仕送りと、子どもの教育には本当にお金がかかる。やっと子どもが大学を卒業し、これでひと安心と思ったら、自分たちの将来に向けた蓄えはわずかしかない。こういった背筋が寒くなるようなケースはよくある。

教育費だけに目を向けていると、必ず老後資金が危うくなる。自分たちの老後なんてまだ先のことだと、それほど真剣に考えないからだ。

平均寿命がいまも延びているなか、子どもが独立したあと、親はまだ数10年も暮ら

していかなければならない。教育費と並行して老後資金を貯めておかないと、間違いなく生活が破綻してしまうのだ。社会人になった子どもに仕送りを無心する……といった悲惨な老後を迎えたくはないだろう。

そういった事態に陥らないように、早いうちから収入と支出をしっかり照らし合わせよう。そして、毎月どれほどの教育費がさけるのか、老後資金にいくら回せるのかを検討する。

浮かび上がった数字を見て、賃貸住宅暮らしなら都心部から離れた場所に移る、家を新築するならグレードを下げるといった妥協も必要となる。

老後資金が乏しい場合、大学に入学した子どもに打ち明け、バイトをしてもらって、仕送りが必要な場合は減らし、家から通う場合はこづかいをなくすといったことも考えよう。率直に伝えれば、子どももわかってくれるはずだ。

〈主な参考書籍〉

○『お金が貯まる人は、なぜ部屋がきれいなのか』（黒田尚子／日本経済新聞出版）
○『1日5分でお金持ち』（頼藤太希／クロスメディア・パブリッシング）
○『幸せになるためのお金の貯めかた100』（監修：黒田尚子／宝島社）
○『仕事が速いお金持ち 仕事が遅い貧乏人』（午堂登紀雄／学研プラス）
○『億万長者のすごい！習慣』（内藤誼人／廣済堂出版）
○『コワいほどお金が集まる心理学』（神岡真司／青春出版社）

〈主な参考ホームページ〉

○厚生労働白書
○経済産業省…2021年のキャッシュレス決済比率を算出しました
○経済産業省 資源エネルギー庁…省エネ型機器の現状
○総務省統計局…第22章家計
○内閣府…消費動向調査／少子化対策
○一般社団法人 ペットフード協会…2022年全国犬猫飼育実態調査結果
○一般財団法人 省エネルギーセンター…エコドライブ技術情報
○PRTimes…2022最新版ペットにかける年間支出調査
○北海道ガス…TagTagエコライフのすすめ
○JAF…くるくら
○auじぶん銀行…お金のコラム集
○四銀ルーム…お金を貯めることは楽しい！楽しすぎる貯金の方法とは？
○日本生命…新社会人のための経済学コラム
○明治安田生命…LIFE annex
○ダイキン…お役立ち情報
○コクヨ…プレスリリース「書類を探す時間は〝1年で約80時間〟」
○マンダム…プレスリリース「視線と恋愛に関する調査」
○DIGITAL 朝日新聞…START!
○日経…マネー研究所 美味しいお金の話
○週刊粧業…トイレをキレイにしている人は「モテ度」や「年収」が高い！
○NATIONAL GEOGRAPHIC…宝くじより高い？ 隕石に当たって死亡する確率
○文春オンライン…ビル・ゲイツ「アメリカ資本主義の正統な継承者として」
○PRESIDENT Online…マネー／キャリア
○マネー現代
○マネーポストWEB…家計
○東洋経済オンライン…マーケット
○DIAMOND online…お金持ちが決してやらないボーナス2つの使い道
○家庭画報.com…美容・健康
○ESSE…家事コツ
○レタスクラブ…くらし
○ファイナンシャルフィールド…年収／暮らし
○エン・ジャパン…ミドルに聞く「リカレント教育（学び直し）」実態調査
○8760…マネー
○All About…マネー
○pen…マネー
○MOOVOO…家電
○家計の未来…家計
○化ノ革…革靴を手入れする
○Business Journal…マネー
○Precious.jp…習慣

青春新書
PLAYBOOKS

人生を自由自在に活動《プレイ》する

人生の活動源として

いま要求される新しい気運は、最も現実的な生々しい時代に吐息する大衆の活力と活動源である。

文明はすべてを合理化し、自主的精神はますます衰退に瀕し、自由は奪われようとしている今日、プレイブックスに課せられた役割と必要は広く新鮮な願いとなろう。

いわゆる知識人にもとめる書物は数多く窺うまでもない。

本刊行は、在来の観念類型を打破し、謂わば現代生活の機能に即する潤滑油として、逞しい生命を吹込もうとするものである。

われわれの現状は、埃りと騒音に紛れ、雑踏に苛まれ、あくせく追われる仕事に、日々の不安は健全な精神生活を妨げる圧迫感となり、まさに現実はストレス症状を呈している。

プレイブックスは、それらすべてのうっ積を吹きとばし、自由闊達な活動力を培養し、勇気と自信を生みだす最も楽しいシリーズたらんことを、われわれは鋭意貫かんとするものである。

—創始者のことば—　小澤和一

編者紹介

ホームライフ取材班

「暮らしをもっと楽しく!　もっと便利に!」をモットーに、日々取材を重ねているエキスパート集団。取材の対象は、料理、そうじ、片づけ、防犯など多岐にわたる。その取材力、情報網の広さには定評があり、インターネットではわからない、独自に集めたテクニックや話題を発信し続けている。

「お金《かね》が貯《た》まる人」の習慣《しゅうかん》、
ぜんぶ集《あつ》めました。

青春新書 PLAYBOOKS

2023年4月25日　第1刷
2023年6月20日　第2刷

編　者　ホームライフ取材班《しゅざいはん》

発行者　小澤源太郎

責任編集　株式会社プライム涌光

電話　編集部　03(3203)2850

発行所　東京都新宿区若松町12番1号 〒162-0056　株式会社青春出版社

電話　営業部　03(3207)1916　振替番号　00190-7-98602

印刷・三松堂　製本・フォーネット社

ISBN978-4-413-21201-4